INDICE

DEFINIZIONI STRADALI E DI TRAFFICO

STRADA: zona che può essere usata da tutti, destinata alla circolazione dei pedoni, degli animali e dei veicoli.

CARREGGIATA: parte della strada destinata alla circolazione dei veicoli, composta da una o più corsie.

CORSIA: parte della strada con larghezza sufficiente da permettere la circolazione di una sola fila di veicoli.

CORSIA CICLABILE: parte della carreggiata, posta in genere sulla destra, delimitata mediante una striscia bianca, continua o discontinua, destinata alla circolazione sulle strade dei ciclisti nello stesso senso di marcia degli altri veicoli e contraddistinta dal simbolo del velocipede. Se le condizioni non ne consentono l'uso esclusivo ai ciclisti, tale corsia può essere impegnata, per brevi tratti, da altri veicoli a motore. In tal caso essa fa parte della corsia veicolare e deve essere delimitata da strisce bianche discontinue.

PISTA CICLABILE: parte della strada riservata alla circolazione delle biciclette.

ATTENZIONE! la **pista ciclabile** si trova **fuori dalla carreggiata** e quindi è **più protetta** e **più sicura** perché è utilizzata solo dalle biciclette, mentre la **corsia ciclabile** è realizzata **all'interno della carreggiata** e i **veicoli a motore** la possono **utilizzare o attraversare** per brevi tratti o per effettuare particolari manovre (ad esempio un autobus che si accosta al marciapiede per la fermata). Si possono quindi determinare **situazioni pericolose** di conflitto con veicoli veloci e ingombranti.

CASA AVANZATA: agli incroci regolati da semaforo, è lo spazio riservato alle biciclette, posto davanti alla linea di arresto degli altri veicoli, che permette ai ciclisti di aspettare il verde in una posizione più visibile agli altri e, nel caso, di poter svoltare per primi.

MARCIAPIEDE: parte della strada, rialzata o diversamente delimitata e protetta, destinata ai pedoni; in assenza di marciapiede vi può essere un « passaggio pedonale », delimitato da una striscia bianca.

ATTRAVERSAMENTO PEDONALE: parte della carreggiata segnalata da una serie di strisce bianche, sulla quale i pedoni che attraversano godono della precedenza rispetto ai veicoli.

SALVAGENTE: parte della strada, rialzata o diversamente delimitata e protetta, destinata al riparo ed alla sosta dei pedoni che attraversano o che aspettano il tram o l'autobus.

PASSO CARRABILE: zona attraverso la quale i veicoli possono entrare o uscire da un'area laterale che può essere destinata alla loro sosta.

CENTRO ABITATO: insieme di edifici, strade, piazze, giardini, ecc. delimitato da appositi segnali di inizio e fine che indicano il nome della località.

ZONA « 30 »: è un'area della rete stradale urbana dove il **limite di velocità** è stabilito in **30 chilometri orari** (invece dei normali limiti previsti dal Codice della nei centri urbani: 50 o 70 km/h).

video

La **minore velocità consentita** in queste zone urbane permette una **migliore convivenza** tra pedoni, ciclisti e veicoli a motore. Tali limitazioni sono imposte, in generale, vicino a scuole, ospedali, nelle zone commerciali o residenziali ove è probabile una notevole circolazione di pedoni, biciclette, monopattini e altri utenti vulnerabili.

Sempre per questo motivo, si riducono gli spazi destinati ai veicoli a motore, realizzando interventi e infrastrutture che favoriscano pedoni e ciclisti: zone o percorsi pedonali, piste ciclabili, ecc.

Per **ridurre** la **velocità dei veicoli** si possono usare rallentatori ottici e/o acustici o **dossi artificiali**. Fai particolare attenzione a questi ultimi perché passarci sopra col motorino a 45 all'ora potrebbe farti cadere o, comunque, danneggiare il tuo veicolo.

VELOCITÀ 30 o 50 km/h: COSA CAMBIA IN CASO DI URTO?

Il motivo principale per cui vengono realizzate le **« zone 30 »** è legato alla **sicurezza** degli utenti vulnerabili, in particolare **pedoni**.

In caso di investimento di un pedone o di altro utente vulnerabile, la **velocità** è il fattore determinante da cui dipende la sua **sopravvivenza**.

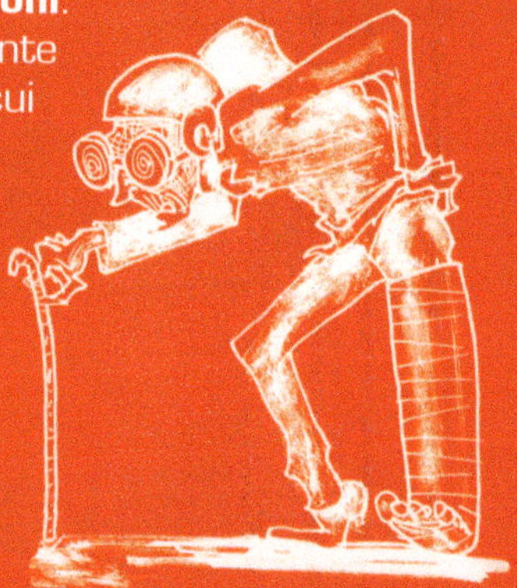

Uno studio commissionato dalla Organizzazione Mondiale della Sanità ha fornito una stima delle probabilità che un pedone possa sopravvivere se investito da un'auto, in funzione della diverse velocità d'urto. Infatti, all'**aumentare** delle **velocità**, **aumenta** l'**energia di impatto** che il **corpo umano** subisce e **NON RIESCE AD ASSORBIRE**.

Sotto puoi vedere la **PROBABILITÀ DI SOPRAVVIVENZA DEL PEDONE** in base alla velocità dell'auto:

- a **30 km/h**, probabilità di sopravvivenza del pedone **90%**;
- a **40 km/h**, probabilità di sopravvivenza del pedone **70%**;
- a **50 km/h**, probabilità di sopravvivenza del pedone **15%**.

Ecco spiegato il **motivo** che ha portato all'istituzione delle "**zone 30**".

LE CONSEGUENZE DELL'IMPATTO

Ma come ci si può rendere meglio conto di cosa può accadere al pedone dopo l'urto?

A **30 km/h** un pedone investito subisce un impatto similare a quello che soffrirebbe **cadendo** dal **PRIMO PIANO** di un palazzo:
a **50 km/h** è come cadere dal **TERZO PIANO**,
a **70 km/h** è come cadere dal **SESTO PIANO**.

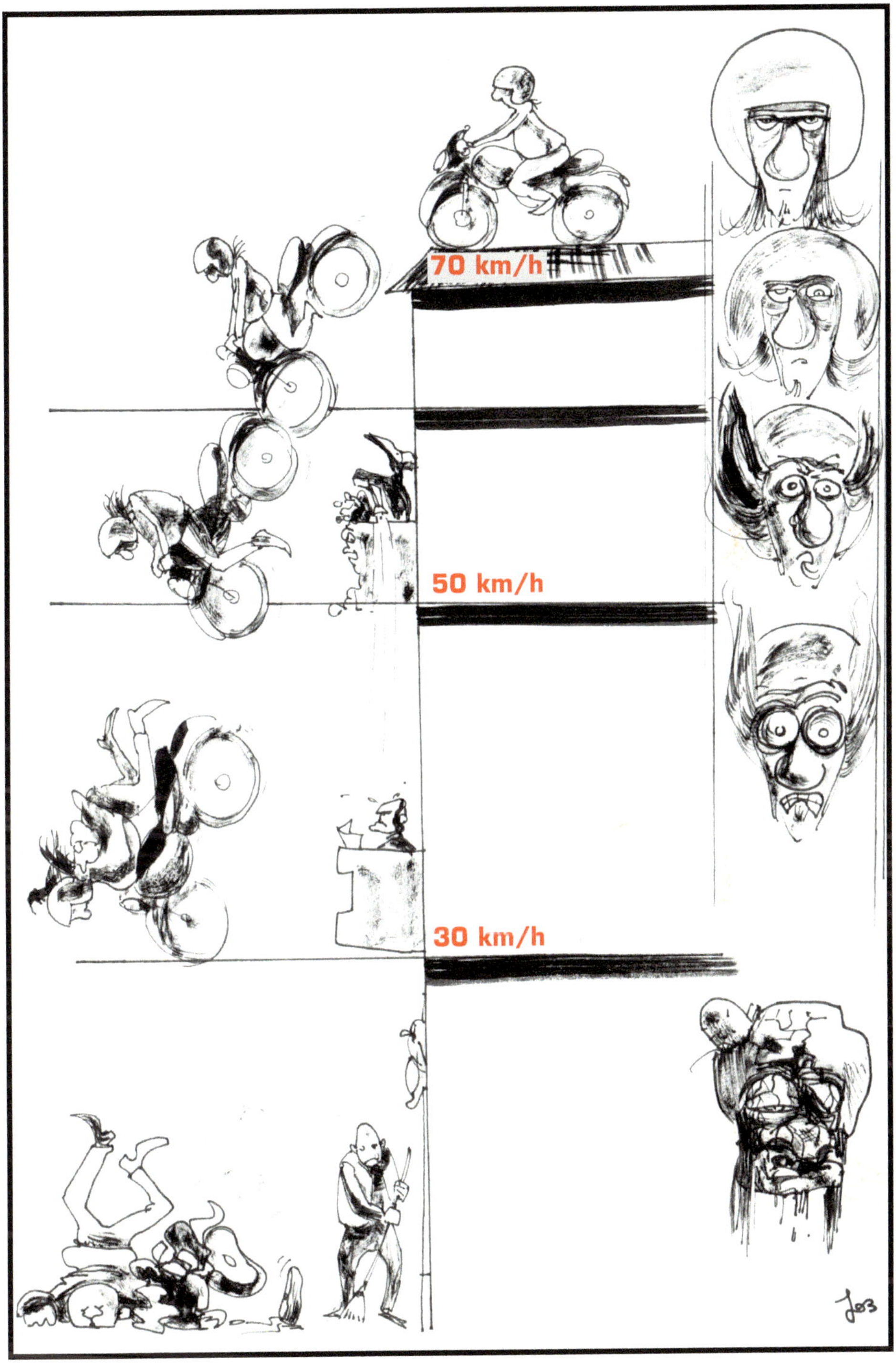
70 km/h
50 km/h
30 km/h

AREA PEDONALE: zona opportunamente segnalata in cui possono circolare solo i pedoni e, solo se indicato, anche le biciclette o altri veicoli particolari.

ZONA A TRAFFICO LIMITATO: area delimitata da appositi segnali di inizio e di fine in cui la circolazione dei veicoli può essere limitata:

- solo ad alcune ore,
- solo a particolari categorie di utenti o di veicoli autorizzati.

NORME CIVICHE - CONVIVENZA CIVILE SULLA STRADA

La **strada** è un luogo dove **circolano**, per molte ore al giorno, tante **persone**, **animali** e **veicoli**. Così come su un campo di calcio, la **mancanza** di **regole** e del loro **rispetto**, nonché la mancata presenza di « arbitri » che impongano determinati comportamenti e li facciano rispettare, anche con spiacevoli sanzioni, determina in breve tempo **situazioni caotiche** ad alto rischio, se non addirittura la **« fine del gioco »**.

Il primo rimedio è ovviamente quello di **utilizzare** il più possibile i **mezzi pubblici** ma, quando ciò non sia possibile, è fondamentale capire che l'**educazione**, la **conoscenza** dei **limiti propri** e del **proprio veicolo** ed il **rispetto degli altri** sono le migliori **« assicurazioni sulla vita »**.

Doveri del cittadino nell'uso della strada

Su tutte le strade è vietato:

- **danneggiare** le opere e gli impianti che ad esse appartengono;
- **creare situazioni di pericolo** per la circolazione;
- **gettare** dai veicoli in movimento qualsiasi cosa;
- **depositare rifiuti** di qualunque tipo.

video

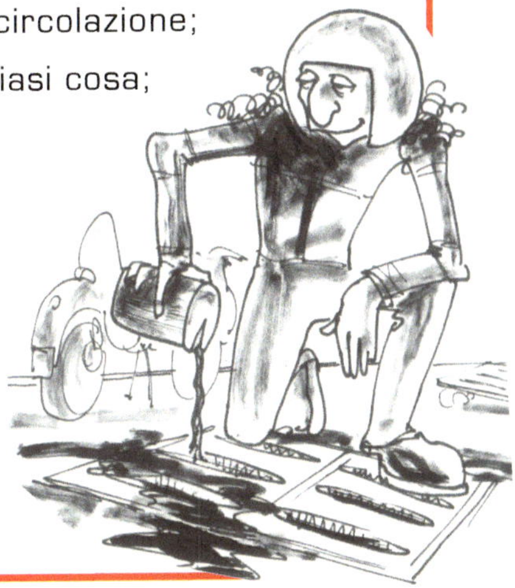

I MEZZI DI TRASPORTO

VEICOLO A BRACCIA

VEICOLO A TRAZIONE ANIMALE

BICICLETTA

MONOPATTINO ELETTRICO

CICLOMOTORE

MOTOCICLO

QUADRICICLO LEGGERO

QUADRICICLO

MOTOCARRO

AUTOVETTURA

CARAVAN

AUTOCARAVAN

MACCHINA AGRICOLA

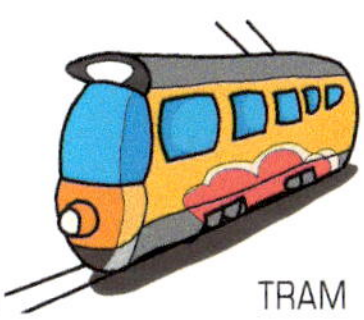
TRAM

AUTOCARRO

AUTOBUS

FILOBUS

AUTOTRENO

AUTOSNODATO

AUTOARTICOLATO

UTENTI DELLA STRADA "VULNERABILI"

Ma chi sono questi soggetti descritti da una parola così poco usata? Più semplicemente, il Codice della Strada ci dice che si tratta dei **soggetti più deboli** che si incontrano sulle strade: **pedoni**, **disabili** in carrozzella, **ciclisti** e tutti coloro i quali meritino una tutela particolare dai pericoli derivanti dalla circolazione degli altri veicoli più "corazzati". Quindi, la definizione del Codice mette in evidenza che sono considerati **« vulnerabili »** tutti quegli utenti della strada che non hanno una « corazza », cioè che **non** sono **protetti** dalla **carrozzeria** del veicolo e quindi, in caso di urto, sono destinati a subire i danni maggiori.

Il problema è che, purtroppo, tali utenti **« vulnerabili »**, troppo spesso si sentono, al contrario, **« invincibili »** e azzardano manovre sulla strada che metterebbero in pericolo anche il conducente di un veicolo blindato!!

Le **statistiche** degli scontri (incidenti stradali) ci dicono che **più della metà dei morti** sulle strade fanno parte di questa categoria di utenti.

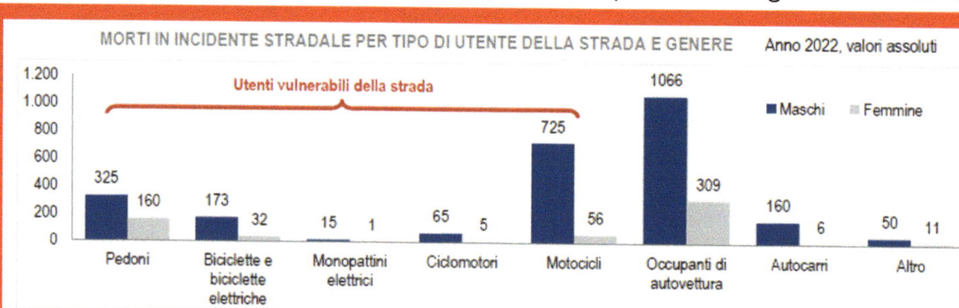

Per **proteggere** gli **utenti vulnerabili** sono state emanate diverse norme e messe in atto strategie specifiche, con interventi sulla segnaletica, sulle infrastrutture stradali e sui veicoli.

Molto importante è però il **comportamento** degli stessi **utenti vulnerabili**, la cui prima difesa è quella di un comportamento sulla strada ispirato alla sicurezza e alla prudenza.

SEGNALI DIPINTI SULLA STRADA (segnali orizzontali)

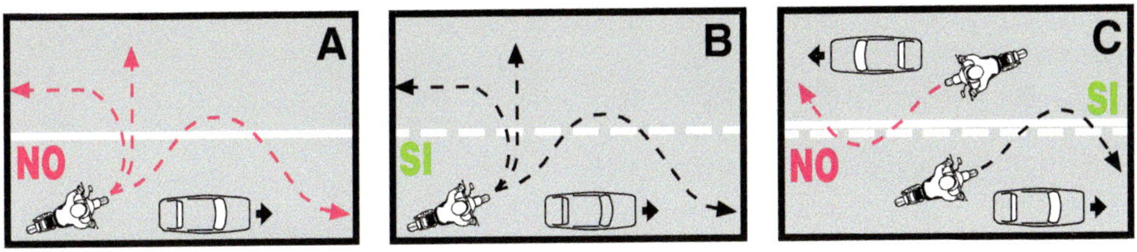

Una **striscia bianca**, dipinta sulla strada, in senso longitudinale (cioè nel senso della lunghezza) delimita corsie diverse o i sensi di marcia. Se è **continua** (**A**) non devi mai superarla, se è **tratteggiata** (**B**) puoi superarla in caso di sorpasso, svolta, inversione di marcia, ecc.
Se le due strisce sono **affiancate** (**C**) devi tener conto solo di quella più vicina a te e comportarti di conseguenza.

Una **striscia gialla continua** affiancata ad una bianca più sottile può indicarti una **pista riservata** alle biciclette (sull'asfalto è anche dipinta una bicicletta bianca).
Se sei in bicicletta, usa questa pista perché è più sicura, ma se sei in motorino devi andare sulla corsia normale.

Se invece le strisce gialla e bianca delimitano una corsia in cui sono dipinte in giallo le scritte **« BUS »** e **« TAXI »**, si tratta di una **corsia riservata ai mezzi pubblici**.
Non puoi perciò usarla in bicicletta, anche se sulla strada normale ci sono code.
In **motorino**, se così è indicato sul segnale, puoi **usarla**, ma facendo **molta attenzione** perché gli autobus sono grandi e l'autista ha problemi di visibilità nelle aree vicino alle estremità posteriori dell'autobus (**angoli ciechi** o **angoli morti**).

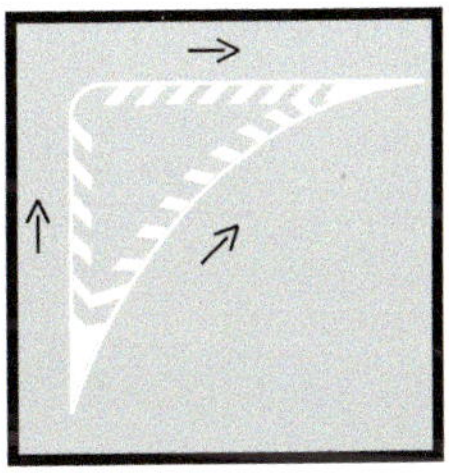

Le **zebrature bianche** dipinte sulla carreggiata (come quelle della figura a fianco) indicano delle **zone della strada**, chiamate "isole di traffico", dove non puoi **né parcheggiare**, **né passare**, sia che tu circoli con il **motorino**, sia che tu sia in **bicicletta**.

Alcune zone della strada **riservate al parcheggio** sono **delimitate da strisce di diverso colore**; se le strisce sono **gialle non puoi sostare** con il tuo mezzo perché sono riservate, se sono **blu dovrai pagare** la tariffa richiesta. In ogni caso il tuo veicolo dovrà **rimanere completamente dentro le strisce**.

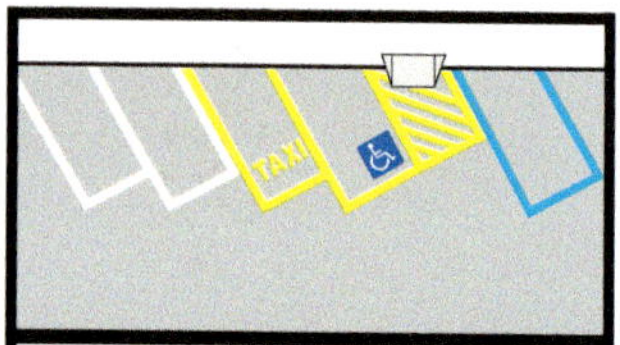

In alcuni luoghi sono tracciate sulla strada alcune **strisce bianche**, perpendicolari al marciapiede, che delimitano degli **spazi più piccoli**: questi spazi sono destinati al **parcheggio** del **motorino**.

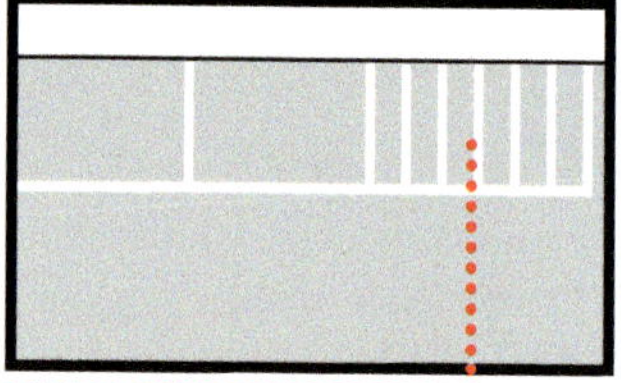

Quando ti **devi fermare** ad un **semaforo rosso** o ad uno **« STOP »**, lo devi fare **prima della linea bianca** che vedrai dipinta di traverso sulla strada davanti a te.

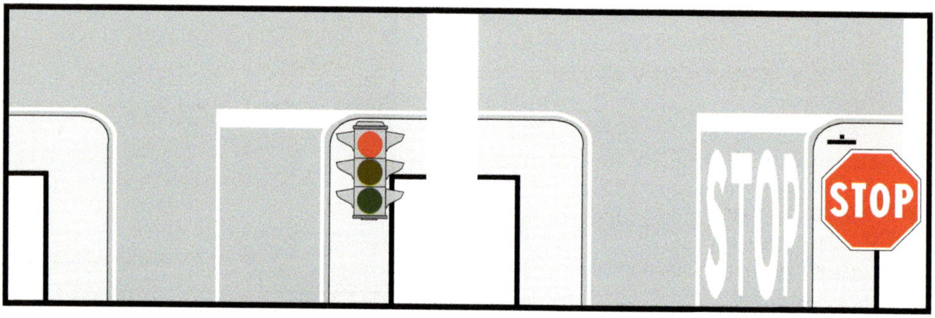

Gli **attraversamenti pedonali** (per chi va a piedi = pedone) delimitano zone della carreggiata, individuate da numerose strisce bianche parallele, dove i **pedoni** hanno la **precedenza** sugli altri veicoli e quindi possono attraversare la strada con maggiore sicurezza.

ATTENZIONE! gli **attraversamenti pedonali non valgono per i ciclisti**. Quindi, se sei in bicicletta e vuoi attraversare la strada in sicurezza avendo la precedenza sulle auto, devi **scendere dalla bicicletta e attraversare a piedi** conducendola a mano, altrimenti rischierai di essere investito!!

Gli **attraversamenti ciclabili** (per chi va in bicicletta = ciclista) delimitano zone della carreggiata, individuate da due strisce bianche tratteggiate, dove i **ciclisti** hanno la **precedenza** sugli altri veicoli e sui pedoni, potendo così attraversare la strada con maggiore sicurezza.

ATTENZIONE! su entrambi gli **attraversamenti** devi comunque **fare molta attenzione** quando vuoi attraversare la strada, per essere certo che i veicoli si fermino effettivamente per **lasciarti passare**.

Le **corsie di canalizzazione** del traffico, grazie a **frecce bianche** dipinte al loro interno sulla strada, indicano la **direzione obbligatoria da seguire**. È vietato cambiare corsia dove la striscia bianca che separa le corsie, da tratteggiata diventa continua.

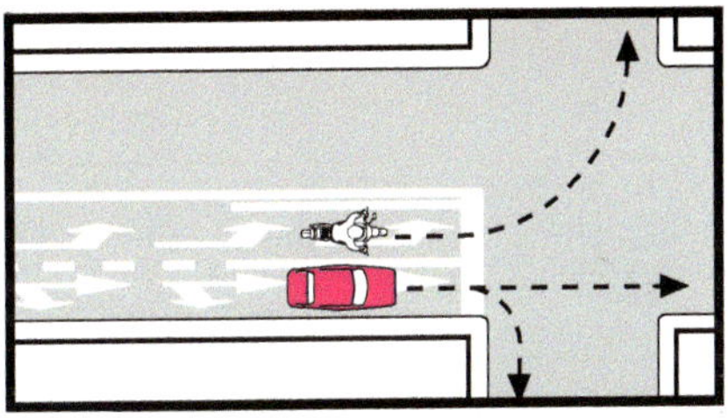

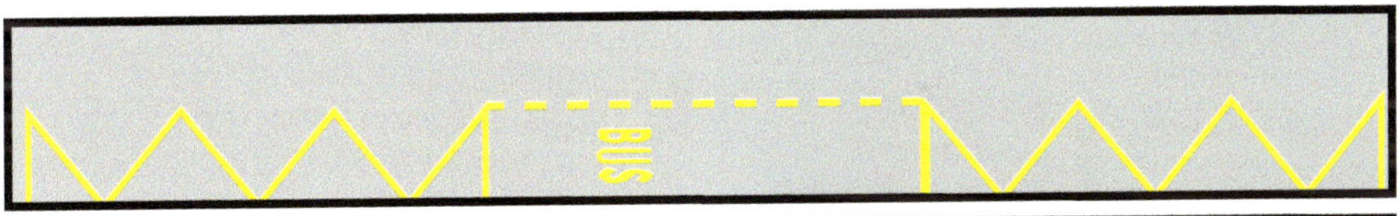

In vicinanza di:

- **attraversamenti pedonali**,
- **fermate** degli **autobus**,

puoi trovare **strisce gialle a zig-zag** che indicano una zona della strada sulla quale **non** puoi **parcheggiare**.

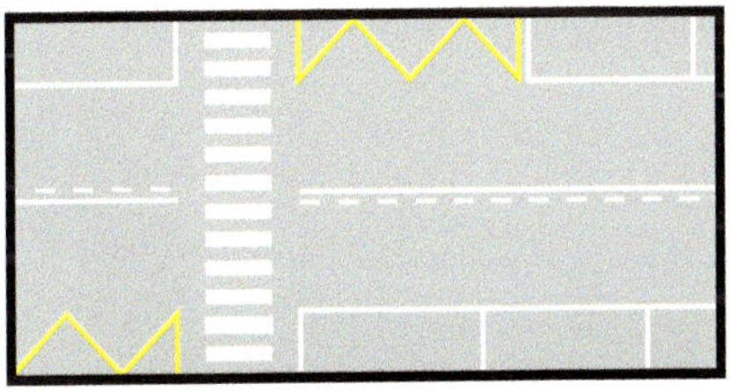

Le **strisce gialle** della figura qui a fianco, integrate dal simbolo blu e bianco di una carrozzella, indicano un'**area di sosta riservata ai veicoli di persone invalide**. Devi **lasciarle sempre libere** per consentire il parcheggio nonché l'entrata e l'uscita dal veicolo delle persone con limitate capacità motorie.

COMPORTAMENTO AI PASSAGGI A LIVELLO

Per attraversare un passaggio a livello ferroviario devi usare sempre **molta prudenza**; man mano che ti avvicini troverai prima un **segnale di pericolo** a forma di triangolo con sotto un pannello con **3 strisce oblique rosse** e poi altri **2 pannelli rettangolari**, il primo con **2 strisce rosse** e il secondo con **1** striscia: meno strisce vedi, più sei vicino ai binari dove passa il treno.
Subito prima dei binari, se non ci sono le barriere, puoi trovare il segnale **« Croce di S.Andrea »** che ti indica se i binari sono 1 o più di 1.

ATTENZIONE! Nel caso di **2 o più binari** impiegherai **più tempo per attraversare** e, per di più, un **treno** che sta passando potrebbe **nasconderne un altro** in arrivo nel senso opposto.

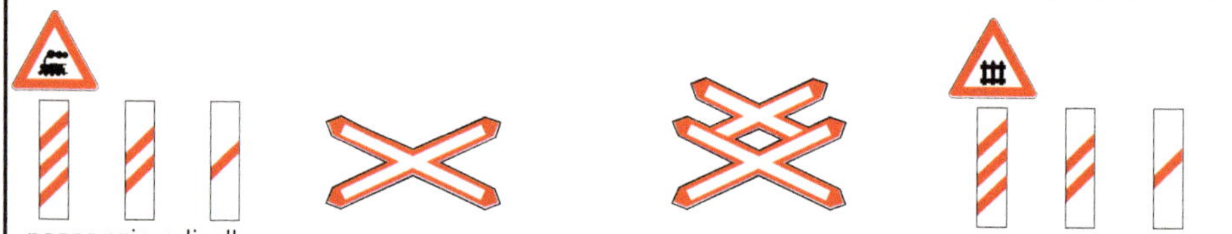

passaggio a livello **senza barriere**

Croce di S.ANDREA (ferrovia con **un** binario)

DOPPIA CROCE DI S.ANDREA (ferrovia con **più di un** binario)

passaggio a livello **con barriere**

Se il passaggio a livello è **SENZA BARRIERE** (**incustodito**) guarda bene sia a destra che a sinistra che non ci sia nessun treno in arrivo: in tal caso attraversa rapidamente i binari. L'**arrivo** del **treno** può essere annunciato da un suono (segnale acustico a **campana**) o da un semaforo a **due luci rosse che lampeggiano alternativamente**; se senti la campana o vedi le luci rosse accese **fermati sempre**, anche se non riesci ancora a vedere il treno.

Se il passaggio a livello è **CON BARRIERE**, non puoi attraversare i binari se le barriere sono chiuse. Se **stanno chiudendosi**, **non fare il furbo** cercando di passare ugualmente perché ritieni di fare in tempo ad attraversare prima dell'arrivo del treno: è molto facile sbagliare i calcoli! Anche quando senti la **campana** o vedi la **luce rossa** accesa è il momento di **fermarsi**.

Nei passaggi a livello **con semibarriere** valgono le stesse regole, ma la tentazione di passare quando non si deve è ancora più grande.
Non fare sciocchezze, passare tra le due sbarre è possibile, ma quei pochi secondi risparmiati possono **costarti la vita!**

NORME VARIE

L'**autostrada** è riservata ad alcune categorie di veicoli: **non puoi entrarvi** né a piedi (per fare l'autostop), né in bicicletta, né in motorino, né tanto meno con il monopattino elettrico.

Le **aree pedonali urbane** sono **riservate alla circolazione dei pedoni,** delle biciclette e dei veicoli di emergenza o al servizio di persone disabili. Il **motorino** deve essere **lasciato fuori**.

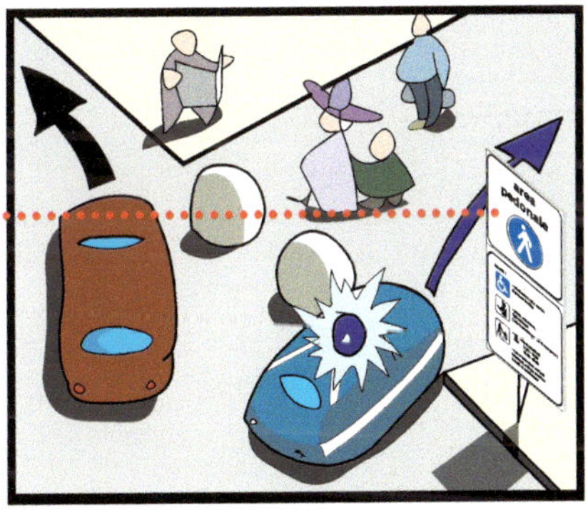

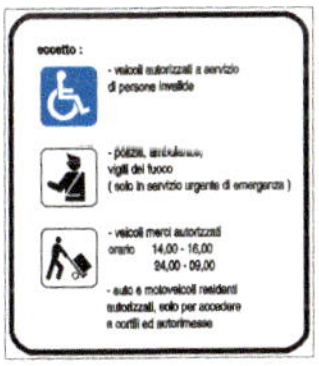

L'**inizio** e la **fine** di tali aree sono indicati da **specifici segnali**.

Se **senti una sirena** di un **veicolo di soccorso** o di **polizia**, **fermati immediatamente e accosta al bordo della strada**.
Lascia passare il veicolo e poi **riprendi la marcia facendo molta attenzione**, poiché potrebbe esserci qualche conducente poco disciplinato che sfrutta la scia dell'ambulanza o della polizia per procedere più velocemente.

ANDARE A PIEDI

Come utilizzare il marciapiede - La prima regola per chi va a piedi è quella di utilizzare il marciapiede perché è **riservato** ai pedoni e quindi è più **sicuro**. Se sei in compagnia, non devi camminare affiancato con più di due amici e non devi sostare in gruppi numerosi che impediscono agli altri di passare.

E' **vietato** ai pedoni stare fermi sulla parte della strada destinata alla circolazione dei veicoli e anche sugli attraversamenti pedonali.

Se manca il marciapiede - Sulle strade a doppio senso, se non ci sono marciapiedi, devi camminare sul **margine sinistro** della carreggiata, con il traffico **di fronte** ed **in fila** se necessario (**A**).

Camminare di notte - **Al buio** i conducenti vedono con difficoltà i pedoni. Se indossi un **abito chiaro** (**B**), o se metti sopra un **indumento rifrangente** (**C**), ti rendi **« più facilmente visibile »**.
Ciò è nel tuo interesse!
Su strade non illuminate extraurbane bisogna camminare in **fila indiana** (uno dietro l'altro).

Come attraversare la strada - Il pericolo maggiore per un pedone è quello di **attraversare la carreggiata**.

Perciò, prima di scendere dal marciapiede, devi fare molta attenzione e accertarti che non stiano sopraggiungendo veicoli a velocità tale da non permettere loro di fermarsi in tempo. Occorre quindi attendere il **« momento giusto »**.

Se la strada è a 2 sensi di marcia è bene **seguire** la cosiddetta **regola dei « 4 sguardi »**.

Siccome devi attraversare **prima** la corrente di traffico che viene **da sinistra** e **poi** quella che viene **da destra**; devi fare molta attenzione e:

1) **guardare prima a sinistra**;
2) **poi guardare a destra**;
3) **quindi di nuovo a sinistra**, cominciando ad attraversare se non arrivano veicoli;
4) **infine**, a metà carreggiata, **guardare di nuovo a destra** e, se non arrivano altri veicoli, completare l'attraversamento.

La regola dei « 4 sguardi »

Sulle strisce zebrate

Per rendere più sicuro l'attraversamento sono stati ideati appositi **« passaggi zebrati »**, costituiti da strisce bianche parallele, dove i **pedoni hanno la precedenza sui veicoli**. Nel tuo interesse devi comunque fare molta attenzione e **scegliere** il **momento opportuno** per attraversare, tenendo presente che un veicolo che procede a 50 km/h impiega circa 20 metri per fermarsi.

Se le strisce non ci sono

Non tutte le strade hanno « passaggi zebrati», oppure li hanno ma sono **lontani** dal punto dove tu vuoi attraversare. Come devi comportarti in questo caso?
Puoi comunque attraversare se ti trovi ad **oltre 100 metri** dal passaggio più vicino, dando però la precedenza a tutti i veicoli.
In ogni caso **non devi mai attraversare**:

- obliquamente,
- di corsa,
- vicino ad una curva,
- davanti a un tram, un autobus o un filobus in sosta alla fermata,
- in superficie, se vicino ci sono sotto o sovrappassaggi.

Sulla strada devi comunque essere prudente, saper aspettare e **manifestare chiaramente** le tue **intenzioni**. Se le auto passano di continuo, chiedi di poter attraversare **alzando un braccio**: il conducente educato risponde rallentando. Solo quando il veicolo si sia fermato tu potrai passare.

Se c'è un semaforo - Negli abitati il traffico agli incroci è spesso **regolato da semafori** che alternano la priorità di passaggio tra le strade dell'incrocio e consentono anche ai pedoni di attraversare con più sicurezza.

Il semaforo ha **3 luci di diverso colore**:
se è acceso il **« rosso »**, **non** si può **passare**;
se è acceso il **« giallo »**, ci si deve **fermare** se si è in tempo altrimenti si deve **sgomberare rapidamente** l'incrocio;
se è acceso il **« verde »**, si può **passare**.

Anche se il traffico è regolato da semafori, quando sei a piedi **devi** in ogni caso **assicurarti**, prima di scendere dal marciapiede, che i veicoli siano effettivamente fermi e non ci siano più veicoli in attraversamento dell'incrocio.

Il traffico regolato dal semaforo è **più sicuro**, per i pedoni, ma attenzione! Può esserci un pericolo in agguato: i **veicoli che svoltano!**

Anche i **pedoni** e le **biciclette** hanno **semafori** a loro **riservati**, che possono essere abbinati a quelli normali.

Anche i « **semafori pedonali** » e quelli « **per ciclisti** » hanno **3 luci**:

luce rossa accesa: il pedone o il ciclista devono **fermarsi**;
luce gialla accesa: chi ha **iniziato** l'attraversamento lo **completi rapidamente**, chi **non** l'ha ancora **iniziato**, **aspetti** ad attraversare la strada!
luce verde accesa: il pedone o il ciclista possono **passare**.

Se c'è un vigile - La **circolazione** in generale, ed in particolare quella agli incroci, può essere anche **regolata** da un addetto della "Polizia municipale" (tutti lo conosciamo meglio con il nome di "**vigile**") il quale, con particolari **movimenti delle braccia** ed eventualmente con l'uso del **fischietto**, **regolamenta la circolazione** in modo da renderla più sicura e più scorrevole.

ATTENZIONE! I segnali dei vigili sono **più importanti di tutte le altre segnalazioni stradali!** Quindi, se ad esempio il semaforo è verde ma il vigile ti dice di fermarti, lo devi fare, sia che tu sia a piedi, sia che tu sia alla guida di un qualsiasi veicolo.

Nell'ambito della segnaletica stradale esiste una scala di importanza che fa sì che le **segnalazioni degli agenti siano più importanti** di tutte le altre. Seguono poi:

I SEMAFORI CHE PREVALGONO SULLE PRESCRIZIONI DEI SEGNALI VERTICALI I QUALI, A LORO VOLTA, SONO PIÙ IMPORTANTI DEI SEGNALI ORIZZONTALI.

1) **Vigile a braccia aperte e distese perpendicolarmente alla nostra direzione di marcia** (**è come la luce rossa del semaforo**): non si può attraversare l'incrocio e ci si deve **fermare** prima della **striscia di arresto**; **non** si può neanche **svoltare** a destra o a sinistra.

2) **Vigile a braccia distese orizzontalmente lungo la nostra direzione di marcia** (**è come la luce verde del semaforo**): ci è consentito il passaggio e **possiamo attraversare** l'incrocio, ma sempre **usando prudenza**. **Possiamo svoltare** a destra, dando la precedenza ai pedoni che attraversano la strada trasversale, o a sinistra, dando la precedenza ai veicoli che vengono di fronte.

3) **Vigile con un braccio alzato verticalmente** (**equivale alla luce gialla fissa del semaforo**): dobbiamo arrestarci prima dell'incrocio se possiamo farlo in condizioni di sicurezza o sgomberarlo sollecitamente se l'abbiamo già impegnato.

4) **Vigile con le braccia distese orizzontalmente e perpendicolari tra loro, con il braccio destro proteso in avanti**: consente di svoltare a sinistra, a destra o di proseguire diritto ai veicoli provenienti dalla sua sinistra. Vieta di proseguire diritto ai veicoli che gli vengono di fronte o alle spalle e ferma i veicoli provenienti dalla sua destra.

Il **suono prolungato del fischietto** da parte del vigile significa che tutti i conducenti si devono **fermare** per **consentire** il **passaggio** di **veicoli** in servizio di **emergenza** (ambulanze, polizia, vigili del fuoco, ecc.). **Due suoni brevi** indicano che si può **ripartire**.

Lo stesso suono può anche voler dire che **abbiamo commesso un'infrazione** e il vigile ordina di **fermarci**.
Gli agenti che regolano il traffico possono ordinare ai conducenti di **fermarsi** o indicare loro di **seguire particolari direzioni** o corsie utilizzando l'**apposita paletta rossa**.

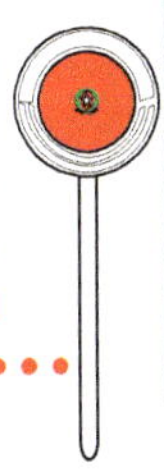

A scuola con il mezzo pubblico - La maggior parte dei ragazzi raggiunge la scuola a piedi, altri con la bicicletta, con il monopattino o con il ciclomotore, oppure vengono accompagnati in auto.
Molti altri, invece, vanno a scuola con i **mezzi pubblici**:

- spesso con l'autobus;
- talvolta con il tram;
- in poche grandi città con la metropolitana.

Ecco dunque le **regole principali** da osservare per un comportamento corretto:

- **attendere ordinatamente** sul marciapiede o sul salvagente;
- **non salire disordinatamente**, né fare a spintoni;
- non intralciare o **disturbare** gli altri passeggeri con i propri **zaini**;
- in vettura, seduti o in piedi, **tenere un contegno educato e cedere** il **posto agli anziani**, alle persone **invalide** o alle donne **incinte**;
- **aiutare** le persone con **difficoltà motorie** e scendere e a salire;
- **non bloccare le uscite** della vettura per non mettere in difficoltà le persone che devono scendere;
- **evitare di fare baccano** anche per non distrarre il conducente;
- **scendere** rivolti in avanti;
- dopo essere scesi **non attraversare mai la strada davanti all'autobus** o al **tram**.

In certi quartieri di periferia e in campagna, sono in **servizio** gli **« scuolabus »**, che sono piccoli autobus, spesso di **colore giallo**, utilizzati per trasportare i ragazzi da casa a scuola e viceversa. Anche se si utilizzano questi mezzi vanno osservate le regole appena illustrate.

Attendi l'autobus sul marciapiede in fila ordinata.

Non attraversare mai davanti all'autobus o al tram fermi, ma aspetta che siano ripartiti ed attraversa dietro di essi per poter vedere i veicoli che sopraggiungono.

Per essere meglio riconosciuti nel traffico, gli **scuolabus** sono segnalati dall'**apposito pannello arancione**, che si trova anche esposto alla loro **fermata**.

Giocare e circolare sulla strada - Giocare sulle strade e sulle piazze aperte al traffico dei veicoli equivale a **rischiare la vita!**

Molti incidenti della circolazione in cui sono coinvolti i ragazzi sono proprio da attribuirsi alla loro **imprudenza**. La cosa più pericolosa è **rincorrere il pallone**: quando lo fai, generalmente, ti disinteressi del traffico e, se lo ritieni necessario, ti precipiti sulla strada senza guardare se ci sono vetture di passaggio, mettendo in serio pericolo la tua vita.

Chiacchierare e **distrarsi** mentre si attraversa la strada, **correre sbadatamente** perché si è in ritardo a scuola, ripassare la lezione, leggere il giornalino o guardare il telefonino mentre si cammina, sono **pessime abitudini** da perdere subito, se si vuole diventare cittadini civili e consapevoli ma, soprattutto, se si vuole diventare grandi **« tutti interi »**.

I **pattini a rotelle**, i **monopattini** e gli **skate-boards** sono « giochi » di cui è facile perdere il controllo. Se, ad esempio, ti lanci giù per una via ripida, potresti non essere più in grado di arrestarti per tempo e lo scontro con altri veicoli o con altri pedoni diventa inevitabile, con **conseguenze** che, talvolta, possono essere anche **molto gravi**.

Inoltre, devi ricordarti che, oltre al « buon senso », anche il Codice della Strada **vieta** l'uso di **pattini** e **skate-boards** sulla carreggiata e sui marciapiedi.

Attento a giocare a pallone vicino alle strade.

Non giocare dietro a grossi autocarri in sosta: così ti rendi invisibile al conducente, col gravissimo pericolo di essere investito se l'autocarro fa retromarcia.

ANDARE IN BICICLETTA

EQUIPAGGIAMENTO OBBLIGATORIO — Le biciclette devono **essere sempre dotate** dei dispositivi obbligatori, quali: freni, fanali, catadiottri, campanello.
È inoltre utile aggiungere altri dispositivi non obbligatori, ma non per questo meno importanti, e cioè lo specchietto retrovisore sinistro, la pompa, il portapacchi, il borsino per i ferri.

Freni - Devono essere 2, uno sulla ruota posteriore e l'altro su quella anteriore. Entrambi devono essere **efficienti**, cioè funzionare bene. In caso di frenata, aziona per primo il freno posteriore. Infatti, azionando per primo quello anteriore, rischieresti di perdere l'equilibrio o di essere catapultato in avanti con il rischio di ribaltarti. Solo nel caso che si renda necessario arrestarti bruscamente, aziona entrambi i freni. Controlla spesso che i **« tacchetti »** non siano troppo consumati.

Fanali - Sono luci che servono **per vedere** e **per farsi vedere** quando è scarsa la visibilità. Quella anteriore di solito è bianca, quella posteriore rossa. Devono sempre essere **accese al tramonto** o, **di giorno**, in caso di **cattiva visibilità** (nebbia, forte pioggia, ecc.), nonché quando percorri delle **gallerie**.
Il fanale anteriore dev'essere inclinato in basso rispetto alla strada in modo che la luce colpisca il terreno a non più di 20 metri davanti.

Catadiottri (catarifrangenti) - Hanno la caratteristica di riflettere (mandare indietro) la luce nella direzione dalla quale proviene la luce che li colpisce. Per questo sono assolutamente indispensabili di sera per **« farsi vedere »** dai conducenti dei veicoli che seguono.
Su ogni bicicletta devono essere montati: 1 **catadiottro rosso posteriore**, 2 **catadiottri gialli** posti sui fianchetti di ciascun **pedale** e 1 **giallo** per ogni **lato** di ciascuna delle 2 **ruote**.
È importante tenerli **sempre puliti** poiché, di sera o in giornate di scarsa visibilità, ti rendono più visibile ai conducenti degli altri veicoli circolanti e possono così salvarti da un possibile investimento.

Campanello - Durante la marcia la bicicletta è silenziosa e può non essere udita. **In caso di necessità**, ma solo in questo caso, usa la tua **« segnalazione acustica »** (campanello), che deve potersi sentire ad almeno 30 metri.

Specchietti - Non sono obbligatori, ma sono molto utili perché ti permettono di **controllare il comportamento dei veicoli che si trovano dietro di te**, soprattutto quando stai per svoltare a sinistra.

Portapacchi - Il portapacchi è l'accessorio ideale per trasportare oggetti, perché ti consente di guidare senza impaccio e senza limitazione dei movimenti a causa di buste o pacchetti. Ma, attenzione, dato che, in genere, è vietato andare in 2 in bicicletta, è severamente **vietato** che un **passeggero sieda** o, peggio ancora, stia **in piedi** sul **portapacchi**!

DISPOSITIVI OBBLIGATORI E CONSIGLIATI PER LA BICICLETTA

1 Il **fanalino anteriore** è indispensabile.
Può avere luce bianca o gialla; l'importante è che funzioni e che tu lo accenda al tramonto ed in ogni caso di scarsa visibilità. Verifica periodicamente che funzioni. Di sera accendilo per « VEDERE e FARTI VEDERE » !

2 Sui « fianchetti » dei pedali e sui lati delle ruote devi avere due **catadiottri gialli**. Tienili puliti: di sera rivelano a distanza la tua presenza ai conducenti degli altri veicoli.

3 Un **« borsino dei ferri »** ti permette di avere sottomano chiavi, pinze e cacciavite, per stringere un bullone o per riparare qualcosa.
È così che puoi avere sempre in ordine la tua bicicletta.

4 Il **campanello** è assolutamente necessario: la bici è silenziosa e qualche pedone duro di orecchie potrebbe non sentirti arrivare.
Usa il campanello, però, solo quando è necessario.

5 Lo **specchietto** non è obbligatorio, ma è utile. Se ne hai uno solo, applicalo a sinistra, perché così vedrai meglio se qualcuno ti sta sorpassando.

6 Il **portapacchi** ti « libera » le mani, che servono invece per tenere il manubrio ed usare freni e campanello.

7 Il **fanalino rosso** ed il **catadiottro rosso** posteriori sono importantissimi.
Togli polvere e fango da tutti e due.

8 Il « **battistrada** » dei pneumatici deve sempre mostrare il disegno.
Se diviene liscio puoi slittare e forare più facilmente.
Tieni gonfiate le gomme alla giusta pressione.

9 I **freni** devono essere 2, e devono funzionare bene entrambi!
Controlla se i « TACCHETTI » fanno il giusto attrito sui cerchioni e ricorda che l'attrito diminuisce molto quando piove, allungando la frenata.
Controlla anche che il filo tra manopola e ganasce non si sia allentato.

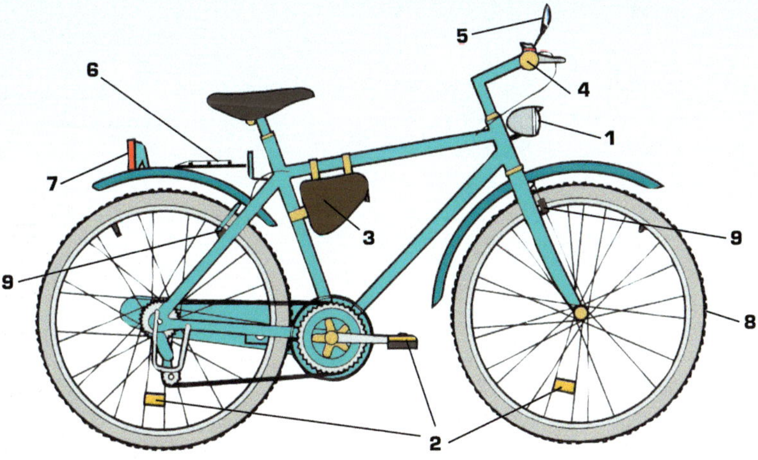

Come procedere nel traffico - Se vai in bicicletta, devi marciare il più possibile **vicino al margine destro** della carreggiata.

Se esiste una **pista ciclabile**, delimitata da una **striscia gialla** affiancata da una bianca più sottile e segnalata da un cartello circolare a fondo blu con una bici in bianco, è obbligatorio utilizzarla perché, non potendo essere utilizzata dai veicoli a motore, ti offre una maggiore sicurezza.

Anche se c'è una **corsia ciclabile** usala, perché è **più sicura**. Attenzione però che, rispetto alla pista ciclabile, qui **possono** temporaneamente **transitare** anche gli **altri veicoli**. I **più pericolosi** sono:

- gli **autobus**, che ti tagliano la strada per accostarsi o per ripartire dalla fermata;
- i **piccoli autocarri** dei « corrieri » che, per consegnare i pacchi, cercano di avvicinarsi il più possibile al luogo di destinazione;
- le **auto** che entrano o escono dai parcheggi laterali.

Pista ciclabile.

Corsia ciclabile “invasa” dall’autobus.

ATTENZIONE! Se circoli su una strada dove è **presente** una **pista** o una **corsia ciclabile** sei **obbligato a circolare su quella**, non è una tua libera scelta.

Durante la marcia, cerca **sempre** di **evitare** improvvisi **scarti** o **movimenti a zig-zag** per non ostacolare la marcia dei veicoli che seguono e ricordati di **segnalare** ogni **cambio di direzione**.

Se devi attraversare delle strade con traffico particolarmente intenso, devi farlo tenendo la bicicletta **« a mano »**. Anche quando cammini sul marciapiede tieni la bici **per mano** e ricordati che, in quel momento, diventi cone un pedone, solo un po' « più ingombrante ».

Per svoltare correttamente ricordati che devi:

- **guardare** nello specchietto che da dietro non arrivino altri veicoli,
- **segnalare** in anticipo tale manovra con un cenno del braccio,
- **portarti vicino** al margine destro per voltare a destra, verso il centro della carreggiata per voltare a sinistra; se la strada è a senso unico, per voltare a sinistra portati sul margine sinistro della carreggiata.

Nella **svolta a sinistra** devi sempre **dare la precedenza** ai veicoli che vengono di fronte.

Quando guidi una bicicletta devi sempre aver **libero uso** delle braccia e delle mani e reggere il manubrio con **almeno una mano**.
Devi poter **vedere liberamente** davanti a te da ogni lato in ogni momento, e devi poter **compiere**, con la **massima libertà** prontezza e facilità, le **manovre** necessarie.
I ciclisti possono procedere affiancati, ma in **mai più di 2**; essi però si devono sempre disporre **in fila indiana** quando circolano su strade fuori dei centri abitati.

La manovra della svolta a sinistra.

Marcia in fila indiana.

Il "traino" è assolutamente vietato!

È **vietato** ai ciclisti **trainare** veicoli o **farsi trainare** da altri veicoli Inoltre, è vietato **trasportare altre persone** oltre al conducente, a meno che la bicicletta sia appositamente costruita e attrezzata per il trasporto di altro individuo.
È vietato circolare con la ruota anteriore sollevata.
Attenzione, se circoli con la bicicletta **non in ordine** il vigile può fermarti e darti una **multa salata**. Per tenerla sempre in perfetto stato **fatti aiutare** da un adulto che potranno darti sicuramente utili consigli.

video

Ogni volta che sei in bicicletta nel traffico non comportarti da incosciente perché sei l'utente **più debole** e **più vulnerabile** e, se non rispetti le norme di circolazione, sarai il primo a subirne i danni.

Bicicletta elettrica (a pedalata assistita)

Si tratta di una **comune bicicletta** alla quale è stato **aggiunto** un piccolo **motore elettrico ausiliario**. Attenzione, però, poiché si vuole evitare di avere sulle strade dei piccoli « missili » a pedali, la Legge fissa bei ben precisi **« paletti »**:

- la **pedalata deve essere « assistita »**, cioè il motore può aiutarti mentre pedali, non può sostituirsi completamente al tuo sforzo (in parole più semplici, se i pedali si fermano, il motore si spegne);
- la **potenza** del **motore** deve essere **limitata** a 25 kW;
- il **motore** « collabora » **fino a 25 km/h**, poi si deve spegnere; se vuoi andare più veloce, "pedala"!!

video

Gli « angoli ciechi/morti »

Sempre in tema di pericolosità sulla strada, occorre ricordare che gli autocarri, gli autobus, gli autotreni e, in generale, i **« veicoli ingombranti »** hanno, per loro stessa costruzione, degli **« angoli ciechi »** o **« angoli morti »**.

Ma di cosa si tratta? Con tale nome si definiscono delle **zone** della **strada** (rappresentate appunto da degli angoli) nelle quali il **conducente non riesce a vedere** nemmeno guardando gli specchietti retrovisori o utilizzando le telecamere di bordo.

Per questo motivo è **molto pericoloso accostare** uno di questi veicoli, **viaggiare subito dietro** la sua sagoma o **sostare** proprio dove il conducente non può vederti: ad esempio, quando si è **fermi al semaforo** o quando, per evitare una lunga coda, si decide di **superare** uno di questi veicoli sulla sua **destra**.

ANDARE IN MONOPATTINO ELETTRICO

Il **monopattino elettrico** è un veicolo di nuova concezione, nato da pochi anni, che rientra in quella che viene oggi definita come **« mobilità sostenibile »**, cioè:

- **pulita**,
- **silenziosa**,
- **poco costosa**,
- **rispettosa dell'ambiente**.

Prendono il nome da un giocattolo, il monopattino appunto, che, come già detto, non è ammesso a circolare per strada.
Probabilmente per una reazione inconscia, è proprio questo il fatto che induce i ragazzi a considerare anche il monopattino elettrico un giocattolo e non un veicolo a motore come a tutti gli effetti è.

La caratteristica principale che lo distingue dai giocattoli è quella di essere **alimentato** da un piccolo **motore elettrico** (**potenza massima 0,50 kW**), che gli permette di raggiungere **velocità** ben superiori a quelle del suo analogo senza motore.

Nel corso di questi anni le **norme** relative all'uso del **monopattino elettrico** sono **cambiate** più e **più volte** e si discute ancora di una loro ulteriore modifica e dell'introduzione di nuove. Il tutto motivato dalla sempre maggiore diffusione di questi veicoli, fattore critico che ha inevitabilmente portato all'**aumento** del numero degli **incidenti** che li vedono coinvolti, con conseguente **aumento** di **morti** e **feriti** (spesso tra i giovani e giovanissimi).

MONOPATTICI ELETTRICI

Anno	INCIDENTI	FERITI	VITTIME
Anno 2022	2.929	2.787	16
Anno 2021	2.101	1.980	9

Le Regole Principali

Requisiti per la guida

Puoi guidare un **monopattino elettrico** solo se hai compiuto **14 anni**.

Se **non** hai ancora compiuto **18 anni** (cioè se sei **minorenne**) sei obbligato ad **indossare** un **casco** omologato quando lo guidi (come per il ciclomotore).

Devi **circolare** il più possibile sulla **destra** e in **fila indiana** (non affiancato agli amici).

La **velocità massima** che ti è consentita è di:

- **6 Km/h** nelle **aree pedonali**;
- **20 Km/h** sulle **altre strade** dove sei ammesso.

Dove si può circolare

Il **monopattino elettrico** è un veicolo che, di norma, puoi **utilizzare** solo nei **centri urbani** e, all'interno di essi, solo sulle **strade** che hanno il limite massimo di velocità di **50 km/h**.
Non potrai quindi utilizzarlo su una **strada extraurbana** (fuori città), a meno che tu non circoli su una pista ciclabile. È scontato che tu **non** possa circolare in **autostrada**.

Più in generale, **puoi circolare** su tutte le **piste** e le **corsie ciclabili**, ma facendo molta attenzione a « **convivere civilmente** » con i destinatari primi di questi spazi: i **ciclisti**.

Divieti

Alla guida del monopattino **è vietato**:

- effettuare **manovre a zig-zag** nel traffico;
- **trainare** e **farsi trainare**;
- circolare sul **marciapiede**;
- trasportare **passeggeri**;
- circolare **contromano**;
- usare **cuffie sonore**.

video

DISPOSITIVI OBBLIGATORI E CONSIGLIATI SUL MONOPATTINO

1 I **freni**: indispensabili e obbligatori.
Il dispositivo frenante deve agire su entrambe le ruote e deve essere indipendente per ciascun asse. Va progettato in modo da agire in maniera pronta ed efficace su ciascuna delle ruote una volta azionato il **comando sul manubrio**.

2 Un **dispositivo acustico** (con **comando sul manubrio**) il cui suono deve essere di intensità tale da essere percepito ad almeno 30 metri di distanza

3 **Due pneumatici**. Il loro diametro minimo deve essere di 203,2 mm (8"). Devono essere dotati di battistrada il cui spessore sia tale da garantire una sufficiente tenuta di strada in tutte le condizioni e situazioni d'uso.

4 **Motore elettrico** con potenza massima di 0,50 kW (dotato di **regolatore/limitatore di velocità**).

5 **Luce anteriore**: è a luce fissa e può essere bianca o gialla (non abbagliante). Deve essere accesa da mezz'ora dopo il tramonto a mezz'ora prima dell'alba o durante qualunque altra situazione di scarsa visibilità.

6 **Luce posteriore**: di colore rosso ed a luce fissa. Deve essere accesa da mezz'ora dopo il tramonto a mezz'ora prima dell'alba o durante qualunque altra situazione di scarsa visibilità.

7 **Indicatori luminosi di direzione anteriori e posteriori** (frecce).

8 **Catadiottro rifrangente rosso** posteriore.

9 **Catadiottri rifrangenti gialli** applicati sui due fianchi.

10 **Comando di regolazione velocità** applicato al manubrio.

11 **Comando dei freni** applicato al manubrio.

12 **Display** sul manubrio: fornisce dati salienti (chilometraggio, velocità ecc.).

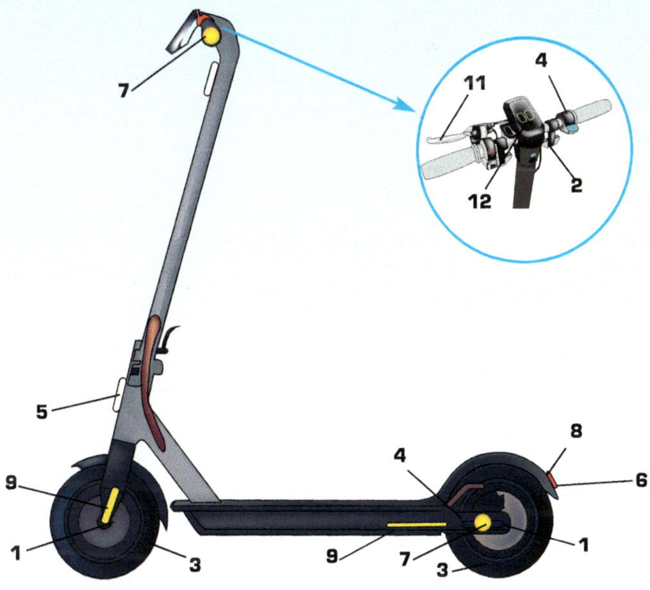

Problemi e pericoli sulla strada

Il **piccolo diametro** della **ruota**, favorisce l'**instabilità** su **terreno dissestato** ed il monopattino può diventare **difficile da condurre**.
Il centro di gravità (**baricentro**) del conducente è **alto** e vicino alla ruota anteriore e questo aumenta le **difficoltà di equilibrio**.
Una qualsiasi perturbazione dovuta al manto stradale o ad un ostacolo che le ruote incontrano può provocare la tua caduta.

L'**effetto giroscopico** tende a mantenere costante il piano in cui gira ciascuna ruota e quindi a tenere il mezzo perpendicolare al terreno. Al **mantenimento dell'equilibrio** devi contribuire anche tu. Infatti, con piccoli **spostamenti del manubrio** e del tuo **corpo** (spostamento del baricentro) compensi le piccole inclinazioni del monopattino dovute al suo sbilanciarsi da un lato o dall'altro.

Il monopattino è un **veicolo piccolo** e **« sgusciante »**, **rapido** nei cambiamenti di direzione se sei abile a condurlo. Questo non deve indurti a trasformarti in uno slalomista quando c'è traffico. Il rovescio della medaglia è che sei completamente senza protezione e, in caso di **incidente**, l'**urto** di un altro veicolo colpirebbe **diretto** il **tuo corpo**.

Il monopattino è un **veicolo piccolo**, ma **« poco visibile »**, soprattutto la **notte** e in caso di scarsa visibilità. Indossa un **giubbino rifrangente** per fatti vedere quando è buio.

Indossa sempre il **casco** e tienilo ben allacciato; è la tua migliore **« assicurazione sulla vita »**.

Ricordati che è **vietato l'uso di cuffie sonore** e del **cellulare** durante la guida.

ANDARE IN CICLOMOTORE

Per poter circolare con un ciclomotore devi:

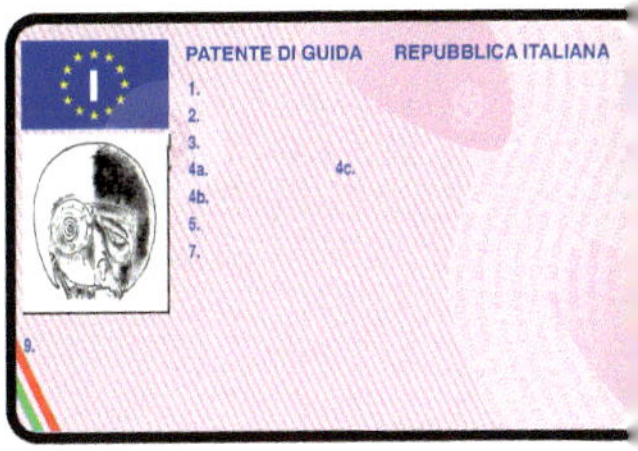

- aver **compiuto 14 anni** ed essere in possesso di uno specifico documento, la **« PATENTE AM »**, che puoi conseguire dopo aver **superato** un **apposito esame** (teorico e pratico)
  Tale tipo di patente non è necessaria se sei già in possesso della patente per la moto (**PATENTE A1**).
- avere con te il **certificato di circolazione**, rilasciato dal Dipartimento dei Trasporti Terrestri;

- il tuo ciclomotore deve essere munito di una **targa** che identifica il proprietario e che **rimane a lui** in caso di **vendita**. In caso di smarrimento, distruzione o furto della targa, devi denunciare il fatto alla Polizia entro 48 ore e chiederne un duplicato;
- devi essere **coperto da assicurazione obbligatoria** per la responsabilità civile verso i terzi (RCA).

ATTENZIONE! Se il motorino è **truccato** l'assicurazione si avvale del **« diritto di rivalsa »**, in pratica paga e poi rivuole i soldi che ha sborsato da te o dai tuoi genitori!

Il ciclomotore in ordine di marcia - Il ciclomotore è dotato di un motore la cui cilindrata non va oltre i 50 cm^3 (se è un motore a scoppio) e su strada piana esso **non** deve poter **superare 45 km/ora**.

Ci vuol poco a capire quali sono i vantaggi che avrai nel mantenere sempre in **« buon ordine di marcia »** il tuo ciclomotore (maggior sicurezza, risparmio di carburante, minori spese dal « meccanico », ecc.).

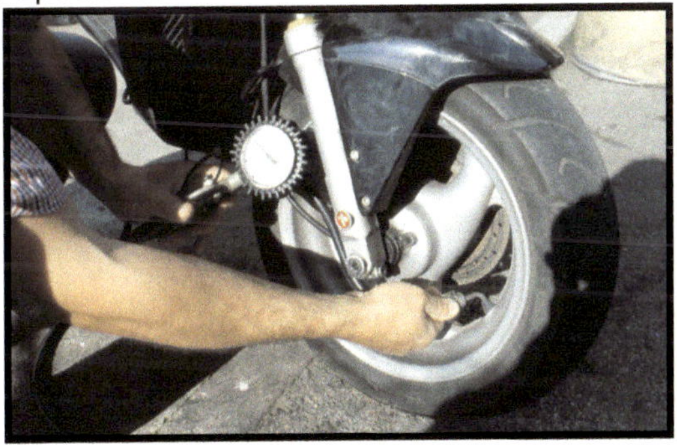

A questo scopo fai **controllare periodicamente** l'impianto di accensione, le sospensioni, i freni e, sempre che tu non possa farlo da solo, fai **verificare la pressione** delle gomme, cambiare le lampadine rotte, pulire i catarifrangenti, verificare la profondità delle **scolpiture del battistrada** dei pneumatici (**minimo di legge 0,5 mm**), ecc.

Il ciclomotore è dotato di **segnalatore acustico** ma, in città, deve essere usato solo **in caso di pericolo**, perché le segnalazioni acustiche superflue sono vietate.

I **dispositivi di illuminazione** servono per vedere e farsi vedere. Sui ciclomotori sono: il **proiettore bianco anteriore** con luce di **posizione**

e luce **anabbagliante**, il **fanale** ed il **catadiottro rosso posteriori**, 2 **catadiottri arancioni laterali**. Luce rossa e catadiottro rosso permettono di **essere visti** dai veicoli che seguono di notte o in condizioni atmosferiche sfavorevoli.
Tutti gli elementi dell'impianto di illuminazione vanno **periodicamente controllati** nel loro funzionamento e **puliti** ogni volta che si sporcano.

Quando guidi un ciclomotore, devi **accendere** le **luci di posizione** ed il **faro anabbagliante** in **ogni momento e condizione di marcia**, quindi anche di giorno e con buona visibilità. Se il ciclomotore è dotato di **proiettore abbagliante** devi usarlo, fuori dei centri abitati, in mancanza di illuminazione; ricordati però di spegnerlo e di accendere quello anabbagliante quando incroci altri veicoli, contemporaneamente devi anche diminuire la tua velocità perché vedrai meno strada davanti a te. Puoi usare l'abbagliante anche di notte in città, ma solo per **lampeggiare** (con cautela), evitando così di usare il clacson.
Gli **indicatori di direzione** sono facoltativi, ma molto utili perché evitano di segnalare col braccio l'intenzione di voltare, e quindi permettono di non togliere una mano dal manubrio.

Il ciclomotore deve essere fornito di almeno uno **specchietto retrovisore** sinistro che permette di controllare la strada posteriormente, in particolare quando ci si accinge a svoltare a sinistra. Tienilo sempre **ben pulito** e fai attenzione che alcuni specchietti, per aumentare l'angolo di visuale, deformano la prospettiva, col rischio di farti percepire il veicolo più distante di quanto non sia.

Modifiche al ciclomotore

Qualche furbone **manomette** il motore del suo « motorino » per avere più potenza, quasi volesse trasformarlo in un aereo a reazione!

Ma con quali conseguenze! Infatti, oltre a rischiare **pesanti sanzioni** (confisca e successiva demolizione del ciclomotore):

- egli altera il rapporto tra il peso del motorino e le sue prestazioni, col rischio di slittare nelle forti accelerate;
- provoca un maggior consumo di carburante e di tutte le parti meccaniche, accorciando la vita del veicolo;
- rende i freni insufficienti alle maggiori velocità, allungando così la distanza di frenatura;
- aumenta l'inquinamento atmosferico e la rumorosità del ciclomotore, procurando danno e fastidio agli altri.

Altre norme e suggerimenti sulla condotta di guida

Sul ciclomotore può essere **trasportato 1 passeggero** (al massimo) se:

- il ciclomotore è di tipo **omologato** per il trasporto del passeggero; attenzione che una parte dei motorini che circolano (i più vecchi) non sono a ciò omologati;
- chi guida il ciclomotore deve aver compiuto **16 anni** (altrimenti, oltre alla sanzione che ti aspetta in caso di incidente, l'assicurazione può non coprire il danno).

Eventuali **oggetti trasportati** non debbono sporgere dalla sagoma del veicolo più di **50 cm**, non devono rendere precaria la guida e debbono essere **solidamente fissati**.

È vietato trainare veicoli o **farsi trainare** da altri veicoli.

È vietato circolare sulle **autostrade**.

Sui ciclomotori:

- devi avere **libero uso** delle gambe, delle braccia e delle mani (quindi **non** puoi **fumare**),
- devi stare **seduto in posizione corretta**,
- devi **tenere il manubrio con entrambe le mani**, è ammessa una sola mano per brevi periodi in caso ciò sia necessario per eseguire le opportune manovre o segnalazioni.

È vietato l'uso del cellulare se non hai l'auricolare ma, comunque, quando lo usi fermati! La perdita di qualche minuto può essere compensata da un mancato incidente.

video

È vietato l'uso di cuffie sonore durante la marcia perché impediscono di udire le segnalazioni acustiche utili per la circolazione (il fischio del vigile, il clacson di un altro veicolo, la sirena di una autoambulanza, ecc.).

video

È vietato procedere sul marciapiede; se per caso lo vuoi o lo devi fare, scendi dal motorino, spegnilo e portalo « a mano », facendo attenzione a non urtare i pedoni.

È vietato circolare con la ruota anteriore sollevata (impennata).

Si devono **evitare rumori inutili e molesti**.

Devi sempre indossare il casco di tipo omologato (chi non lo indossa o trasporta un passeggero che ne sia sprovvisto è punito col **fermo** amministrativo del ciclomotore per **30 giorni**; se sei minorenne, il tuo motorino viene restituito **solo** ai genitori).

È vietato circolare dopo aver **assunto** (bevuto) **alcol** (anche se in quantità molto limitata) o, peggio ancora, dopo aver **assunto droghe** (anche dopo aver fumato un semplice spinello).

DISPOSITIVI OBBLIGATORI E CONSIGLIATI PER IL CICLOMOTORE

1 **Specchietti retrovisori** ed **indicatori di direzione**: più vedi, più ti vedono e più sei sicuro nel traffico, specie con scarsa visibilità e di notte.

2 Il **fanale anteriore** è importante quanto i freni. Controllane la giusta inclinazione, la pulizia e l'efficienza. In ogni condizione di marcia devi usare la luce anabbagliante: ciò ti permette di farti vedere meglio dagli altri.

3 Di notte la cosa più importante è « FARSI VEDERE ». Verifica spesso che il **fanalino rosso posteriore** funzioni e che tutti i **catadiottri** siano puliti ed efficienti perché, anche al buio, rivelano a distanza la tua presenza ai conducenti degli altri veicoli. Anche sui lati delle ruote, il tuo ciclomotore deve avere due **catadiottri gialli**: tieni puliti anche quelli (se il tuo motorino è un po' "anziano" ed ha i pedali, anch'essi devono essere muniti di due catarifrangenti gialli ciascuno).

4 La **targa** è obbligatoria e deve essere sempre correttamente fissata, pulita e ben leggibile.

5 Guai a chi manomette il **silenziatore** o, se rotto, non lo sostituisce con uno analogo di tipo omologato.

6 I **freni** sono essenziali: falli verificare periodicamente dal meccanico. Controlla il cavetto di comando. Non esitare a cambiare le guarnizioni o quanto altro necessario per la loro perfetta efficienza.

7 **Comandi** del **freno** e della **frizione**: non devono avere giochi. Per la tua sicurezza mantieni queste parti sempre in efficienza.

8 I **pneumatici** del tuo ciclomotore devono essere controllati di frequente, in particolare la loro pressione e lo stato dei fianchi e del battistrada. Se le scolpiture non hanno almeno 0,5 mm di profondità puoi rischiare sbandate, scoppi e forature; inoltre, la legge ti obbliga a sostituirli. Può essere una buona cosa cambiarli anche senza arrivare fino al limite minimo di legge!

SICUREZZA ATTIVA e SICUREZZA PASSIVA

Per **evitare situazioni pericolose** che possano essere **causa** di **incidenti** stradali è necessario adottare **« misure di sicurezza »** ed essere sempre prudenti.

« Prudenza » è una parola che oggi si usa poco, ma **essere prudenti** vuol dire **considerare bene** la **situazione** nella quale ci si trova e **valutare correttamente** i **rischi** che si corrono nel compiere certe **azioni**. Un **« atteggiamento prudente »** si basa sulla **percezione del rischio** e mette in pratica le conseguenti **misure di sicurezza**.

La **« sicurezza stradale »** si può dividere in due filoni importanti:

- **sicurezza attiva** = **prevenzione**, cioè tutto ciò che si può fare per prevenire ed evitare gli incidenti (ad esempio rispettare le regole, essere attenti, farsi vedere dagli altri utenti della strada).

ATTENZIONE! I veicoli hanno sistemi di **sicurezza attiva**; pensa, ad esempio:
ai **freni** (se funzionano bene ti fermerai in una distanza minore e **non andrai addosso** ad ostacoli o ad altri utenti),
alle **luci** (se funzionano e sono pulite, gli altri veicoli ti possono vedere di notte e in galleria).
Ugualmente, risulterai più visibile se, in caso di scarsa visibilità, indossi un **giubbino rifrangente** o **abiti colorati**: se gli altri ti vedono **non ti vengono addosso**!

- **sicurezza passiva** = **protezione** (del corpo in caso di urto): è altrettanto utile in caso di incidente perché, **proteggendo il corpo dagli urti**, **diminuisce**, entro certi limiti, i **danni** alla **salute**.

ATTENZIONE! sono strumenti di **sicurezza passiva**: il **casco**, che serve a proteggere la testa; le **cinture di sicurezza** dell'auto, che servono a trattenere il corpo in caso di urto tra veicoli; i **seggiolini per i bambini**; il **vestiario di sicurezza** per conducenti di ciclomotori e motocicli; la **carrozzeria a deformazione progressiva** delle autovetture e tanti altri.

ABBIGLIAMENTO SICUREZZA

Forse non ci hai mai pensato, ma anche il **modo in cui ti vesti quando vai per strada** è **importante** ai fini della tua **sicurezza**: in altre parole, quello che indossi è una componente della sicurezza attiva o passiva.

Se stai **CIRCOLANDO A PIEDI** è importante **indossare abiti colorati** in modo da essere visto dai conducenti dei veicoli, in particolare al buio, in condizioni di scarsa visibilità o agli incroci. Al limite, è sufficiente un **cappellino colorato**, una **sciarpa vistosa** o qualche

indumento ben visibile! Certamente, il **giubbetto rifrangente** che indossano anche i ciclisti sarebbe **il massimo**.
Tutto questo è molto semplice da attuare, ma è un importantissimo esempio di **sicurezza attiva**: se ti **vedono meglio**, sei **più sicuro**.

Anche quando **CIRCOLI IN BICICLETTA** devi **renderti visibile**! Infatti, il codice della strada prescrive che **nelle gallerie**, quando è **buio** o, comunque, quando vi è **scarsa visibilità**, tu debba indossare il **giubbino** o le **bretelle rifrangenti**. Per non correre il rischio di non averli quando servono è meglio se li indossi sempre!

Per la tua protezione (sicurezza passiva) è consigliato mettere il **caschetto**; non è obbligatorio ma è meglio avere la **testa « al sicuro »** in caso di caduta o di urto.

Man mano che **aumenta** la **velocità** dei veicoli occorre **aumentare** anche le **misure di sicurezza passiva**, per cui l'abbigliamento di un **CONDUCENTE DI CICLOMOTORE A 2 RUOTE** deve essere più completo di quello di un ciclista. Il **casco** è **obbligatorio**, ma è anche **fondamentale** (pur se non obbligatorio per legge) utilizzare i **vestiti corretti**:

- indossare **scarpe chiuse** (possibilmente **stivali** idonei, ma **mai sandali o ciabatte**);
- **non** indossare **abiti svolazzanti** perché possono impigliarsi e farti cadere;
- **non** guidare con **calzoncini corti** o **magliette a maniche corte** (in caso di caduta puoi procurarti grosse abrasioni);
- indossare un **giubbino resistente**, meglio se **colorato** e con **imbottitura** o **protezione** sui **gomiti** e sulla **schiena** (meglio ancora se al giubbino abbini dei **pantaloni per motociclisti**);
- indossare **guanti di protezione** (meglio se con rinforzi sulle nocche);
- anche se il ciclomotore ha luci e dispositivi di illuminazione, è consigliato il **giubbino riflettente** in condizioni di scarsa visibilità.

Se tutto questo può sembrarti esagerato, **guarda come si vestono i motociclisti**, quelli veri, e capirai l'importanza di proteggersi.

GUIDARE IN MANIERA « DIFENSIVA »

Poiché sulla strada i **ciclisti**, i **guidatori di monopattini elettrici** e i **ciclomotoristi** sono fra i conducenti più vulnerabili, devono fare sempre molta **attenzione** a ciò che fanno gli altri utenti in circolazione.

Inserirsi nel traffico - La prima manovra di un ciclista, di un conducente di monopattino o di un ciclomotorista (ad esempio la mattina quando va a scuola) è quella di **« immettersi nel traffico »**.
Se esce da un portone o da un passo carrabile, deve **dare la precedenza** a tutti gli altri utenti della strada, in primo luogo ai pedoni. Anche quando esce da una strada privata, da un cortile o da un giardino e deve immettersi in una strada pubblica, deve **dare la precedenz**a agli altri, **fermandosi** sulla soglia della strada come se ci fosse il segnale di « STOP ». Si tratta di una regola generale che non comporta la presenza di alcun segnale.

Il vento e i vortici d'aria - Un grande pericolo è costituito dall'azione del **vento** che, se **soffia dai lati**, tende a spostare il veicolo, tanto che il guidatore è costretto a correggerne la spinta col manubrio. Quindi, non devi distrarti e devi tenere **tutte** e 2 le **mani** sul manubrio. In caso di **colpo di vento improvviso** lo spostamento può essere così brusco da farti perdere il controllo del mezzo; ciò può accadere, in particolare, all'uscita da gallerie, sui viadotti o alla fine di tratti di strada fiancheggiati da case o da terrapieni.

Anche un grosso camion o un autobus che ti superano velocemente mentre guidi il tuo ciclomotore possono provocare un forte **spostamento d'aria**, estremamente **pericoloso**.

Apertura di sportello - Un automobilista fermo che **apra all'improvviso lo sportello**, non accorgendosi che stai sopraggiungendo sul tuo veicolo a 2 ruote, può farti finire **« contro la portiera »**, con conseguenze che possono essere anche molto gravi. Se guidi una bicicletta, un monopattino o un motorino, quindi, stai molto attento quando passi di fianco a veicoli fermi con il conducente a bordo.

IL CASCO

Il **casco** ha lo scopo di **evitare** l'**urto diretto** della **testa** contro **corpi duri** e/o **appuntiti**, limitando le ferite ed i danni al capo in caso di incidente. Il casco non è però in grado di assorbire totalmente urti molto violenti.

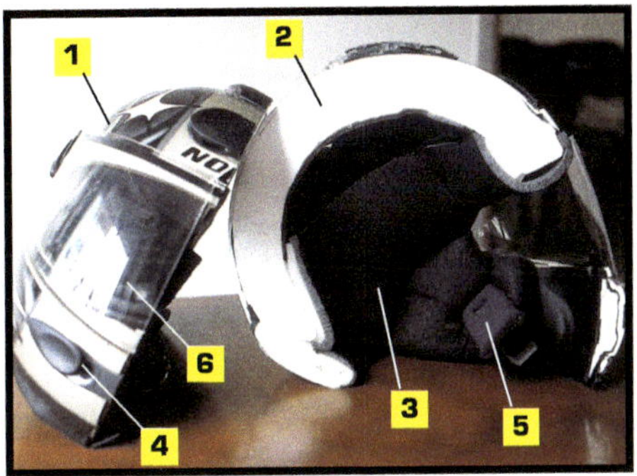

Le sue parti principali sono:

1) una **calotta esterna** in materiale plastico o in fibre composite;
2) una **calotta interna** (che serve ad assorbire la forza dell'urto) realizzata in polistirolo espanso;
3) un **rivestimento interno**, generalmente in poliuretano espanso, accoppiato a tessuto traspirante che non provoca allergie;
4) delle **prese d'aria** per garantire la ventilazione interna e limitare l'appannamento della visiera;
5) un **cinturino sottogola** per garantirne il fissaggio;
6) una **visiera** realizzata in materiale plastico trasparente trattato per resistere ai graffi e, talvolta, all'appannamento.

Deve essere di tipo **omologato** e munito dell'apposita etichetta e deve essere di taglia adatta a chi lo indossa. Può essere utilizzato solo se non ha subito colpi e deve essere ben allacciato per evitare di perderlo in caso d'urto.

Esistono vari tipi di casco, ciascuno con le proprie caratteristiche specifiche e quindi adatti a diversi scopi.

Apribile

Integrale

Jet e Demi - Jet

L'uso del casco è obbligatorio anche per chi guida ciclomotori a due ruote (o a tre o quattro ruote se non hanno carrozzeria chiusa) ed è obbligatorio **in ogni condizione di marcia**.

Se **non usi il casco** ti esponi:

- al rischio di fastidiosi **impatti** con gli **insetti**;

- alla possibilità di subire gravi lesioni in caso di incidente;
- al pagamento di una **sanzione amministrativa** ed al **fermo** del **ciclomotore** per parecchi giorni;

ATTENZIONE! La **restituzione** del **ciclomotore** (o dei documenti) avviene alla **presenza** dei tuoi **genitori** (o di persona delegata) dopo aver **pagato** le **spese** di **trasporto** e **custodia**.

LA REVISIONE PERIODICA DEL CICLOMOTORE

Il **proprietario** del veicolo ha l'**obbligo** di effettuare la **« revisione »** periodica del proprio **ciclomotore**:

- dopo **4 anni** dalla **messa in circolazione** del veicolo;
- **successivamente** alla prima revisione, ogni **2 anni**.

La **revisione** prevede una **verifica** dello **stato generale** del motorino (luci, freni, qualità dei gas di scarico, ecc.).

Quindi è ovvio che, prima del giorno del controllo, tu abbia **fatto** tutti i **controlli** e le **manutenzioni** necessarie a rendere il tuo **ciclomotore efficiente** e **conforme** alle norme.
Sarebbe però una cosa intelligente che, per evitare sorprese e per garantire la sicurezza, tu effettuassi questi controlli anche a scadenze più ravvicinate (**manutenzione**).

Se hai fatto qualche **« elaborazione »** particolare al tuo motorino, attento che al funzionario che effettuerà i controlli questo non piacerà sicuramente e la **« bocciatura »** sarà **certa**!

Ricordati che non fare la revisione alle scadenze previste o circolare con un veicolo che **non** abbia **superato la revisione** perché giudicato non idoneo, comporta:

- una **contravvenzione** molto salata;
- il **ritiro** dei **documenti di circolazione** del tuo ciclomotore, che **non** potrai **più usare** fino a quando non dimostrerai di avere **superato** con successo la **revisione**.

LA PATENTE AM

Come detto, per **guidare un motorino**, occorre uno specifico documento: la **« PATENTE AM »** (ciò non è necessario se hai già compiuto 16 anni e sei già in possesso della patente A1).

Per ottenere tale documento, devi superare un **esame a Quiz** e, successivamente, una **prova di guida** che permetta di accertare se sei capace di condurre in sicurezza il tuo veicolo.

Con la **Patente AM** potrai **guidare**:

- **Ciclomotori a 2 e 3 ruote**, con velocità fino a 45 km/h, e con
  - cilindrata fino a 50 cm³ se con motore a benzina o Diesel,
  - potenza inferiore o uguale a 4 kW se dotati di motore elettrico;

- **Quadricicli leggeri** di massa a vuoto fino a 425 kg (esclusa la massa batterie per veicoli elettrici), con velocità massima fino a 45 km/h e con:
  - cilindrata fino a 50 cm³ per motori a benzina,
  - potenza fino a 6 kW per i motori Diesel e per quelli elettrici.

La patente va periodicamente **« rinnovata »** (fino a che sei giovane ogni **10 anni**) e la sua **data di scadenza** coinciderà con il giorno del tuo **compleanno**, così farai meno fatica a ricordartelo.

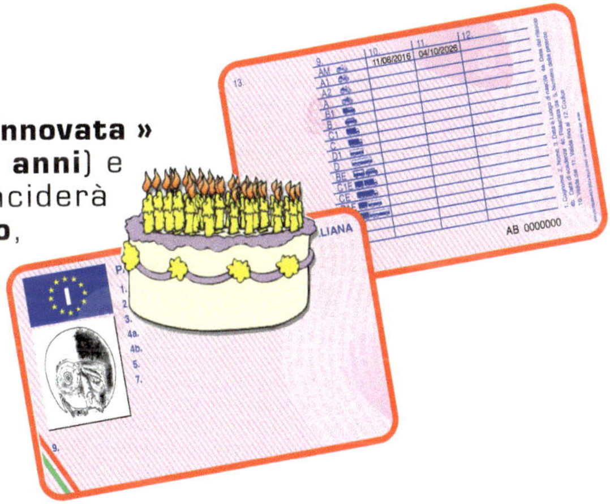

Senza patente non puoi guidare, **per nessun motivo**, e le sanzioni se non rispetti tale regola possono essere anche molto pesanti.

Altra cosa che devi tenere bene a mente è che se mentre guidi **commetti alcune infrazioni gravi** o, peggio, se **guidi « ubriaco » o « drogato »**, incorrerai, a seconda dei casi, nella **sospensione**, **revisione** o **revoca** della patente stessa e quindi, da quel momento potrai spostarti solo a piedi o in bicicletta.

POSIZIONE SULLA STRADA

La prima norma per i conducenti di ciclomotori, monopattini elettrici e biciclette è quella di occupare una **corretta posizione** sulla carreggiata: per monopattini e bici il più vicino possibile al **margine destro**, per i ciclomotori in vicinanza del margine destro stesso.
Non possono inoltre marciare affiancati ad altri veicoli salvo che in prossimità degli incroci con traffico canalizzato, oppure regolati da vigile o da semaforo e non devono **procedere a zig-zag** o a **slalom** al fine di superare colonne di veicoli fermi o in marcia lenta.

Marciare affiancati:
non è generalmente consentito.

Zig-zag: manovra
assolutamente vietata.

Svolta a sinistra - Se devi **svoltare a sinistra** su strada a doppio senso, è necessario che tu:

- **segnali** la manovra con un certo anticipo ai veicoli che seguono (con l'indicatore di direzione o con il braccio),
- ti **porti vicino** alla **mezzeria** della carreggiata,
- dia la **precedenza** ai veicoli che vengono di fronte o da destra,
- effettui la svolta molto **vicino al centro dell'incroci**o ed a **sinistra di questo**, salvo segnalazione contraria.

Come si eseguono
le svolte a sinistra e a destra.

Svolta a sinistra
con segnalazione.

Svolta a destra - Per **svoltare a destra** devi **segnalare** per tempo la tua **intenzione** (come nella svolta a sinistra) e tenerti il più possibile **vicino** al **margine destro** della carreggiata. Occhio ai **veicoli** provenienti **da sinistra** e ai **pedoni** che attraversano la strada in cui stai svoltando!

Guida in galleria - Ricordati di verificare che le tue **luci** siano **accese**, anche di giorno: è molto importante per vedere ed essere visti.
Devi inoltre **moderare la velocità** per evitare quell'attimo di oscurità che inevitabilmente avvertirai passando dalla luce solare alla penombra, comunemente chiamato « **salto nel buio** ».
Fai molta attenzione poiché in galleria possono trovarsi veicoli fermi per avaria od ostacoli che sono scarsamente visibili dall'esterno.
E' comunque **vietato fermarsi** ed i **pedoni**, ove sia loro consentito l'accesso, devono **camminare a sinistra** ed in fila indiana.
Attenzione a possibili **colpi di vento all'uscita** dalla galleria.

CASI IN CUI SI DEVE RALLENTARE O FERMARSI

I **pericoli** presenti sulle strade (generalmente segnalati 150 metri prima, da appositi **cartelli triangolari**) sono situazioni che richiedono 2 azioni essenziali:

- **moderare** la **velocità**;
- prestare **maggiore attenzione**.

Ma ci sono **situazioni pericolose** che possono **non** essere **presegnalate** da un cartello triangolare. Ecco, ad esempio, **situazioni che ti richiedono di rallentare per tempo**:

- **blocchi** della **circolazione**, con veicoli fermi visibili in lontananza;
- vicinanza di a**ttraversamenti pedonali**, presenza di **molti pedoni** in movimento, **marciapiedi piccoli**, **bambini** che giocano, ecc.;
- **pavimentazione liscia**, specie se **bagnata**;
- **pavimentazione irregolare**, presenza di **tombini** o **rotaie**;
- **scarsa visibilità** notturna, anche in città, per l'**effetto abbagliante** d'insegne luminose, di vetrine, delle luci degli altri veicoli;
- **passaggi** ferroviari **a livello** incustoditi (**senza barriere**).

Spesso sulle strade si **svolgono lavori** o si **aprono cantieri**: ecco un'altra situazione delicata nella quale la **velocità** deve essere **ridotta**, perché possono esserci « deviazioni » e « strettoie » o traffico obbligato a procedere a « senso unico alternato ». Queste situazioni particolari, anche se temporanee, vengono generalmente precedute dai segnali: « Lavori » e « Limite massimo di velocità». **Rallenta**, procedi alla **velocità opportuna** e ... campa cent'anni.

PERICOLI

I **segnali verticali triangolari** (con punta « all'insù ») ti informano della presenza di un **PERICOLO** che incontrerai poco più avanti.

Qui vedi il segnale di « **STRADA DEFORMATA** », dopo il quale troverai un tratto di strada in cattivo stato o con pavimentazione irregolare: se non vuoi rischiare di cadere modera la velocità.

Sei informato che a circa 150 metri incontrerai una « **CURVA PERICOLOSA A DESTRA** »: che fare? Rallenta, mantieniti bene sulla destra e preparati a percorrere una curva stretta o comunque pericolosa.

Tra 150 metri troverai una « **DISCESA PERICOLOSA** »; rallenta per tempo perché, se avrai bisogno di frenare, ti servirà una distanza maggiore per fermarti. Attento che, se usi troppo i freni, potrebbero surriscaldarsi e il tuo veicolo non frenerà più bene.

Una « **STRETTOIA** » può essere determinata da un restringimento della carreggiata, da un cantiere di lavori stradali, ecc. Modera la velocità perché può essere difficoltoso l'incrocio con i veicoli provenienti in senso opposto. Se necessario fermati.

Una « **STRADA SDRUCCIOLEVOLE** » è tale, in genere, quando la pavimentazione particolarmente liscia è bagnata oppure coperta di olio o di foglie. Curve e pendenze possono aggravare la situazione. Devi moderare la velocità e, se devi frenare o sterzare, fallo con molta gradualità.

Ci sono « **LAVORI** » in corso: devi moderare la velocità perché la carreggiata può essere in cattive condizioni od occupata da cumuli di materiali.
Attenzione a non investire gli operai al lavoro.

Segnalano un « **ATTRAVERSAMENTO PEDONALE** » o un « **ATTRAVERSAMENTO CICLABILE** ».
Attenzione, se ci sono pedoni o ciclisti, fermati e dai loro precedenza mentre attraversano.

Il **CAVALLETTO** a strisce bianche e rosse sbarra tutta o parte della carreggiata per evitare al traffico di invadere una zona pericolosa oppure occupata da lavori in corso.

Attenzione: stai per affrontare un « **DOSSO** », cioè un breve tratto di strada che prima sale e poi scende. Nel tratto in salita la visibilità è limitata: per questo motivo non sorpassare e non invertire la marcia, non fermarti, né sulla salita, né sulla discesa. Stai molto attento e mantieniti molto vicino al bordo della strada o al ciglio del marciapiede.

Tra 150 metri troverai una « **ROTATORIA** » e il segnale ti indica in che senso dovrai percorrerla.
Fai molta attenzione all'inserimento nella rotatoria perché, in genere, incontrerai anche il segnale « **DARE PRECEDENZA** ». Sii comunque molto prudente.

Sulla strada sono presenti piccoli sassi e pietruzze: rallenta perché, più vai veloce, più corri il rischio di colpire con i sassi sollevati i pedoni di passaggio e gli altri utenti. Anche frenare in spazi brevi può risultare difficoltoso perché la strada diventa più « scivolosa ».

Procedi con molta prudenza (soprattutto nei tratti di strada con poca visibilità) perché puoi trovarti di colpo davanti ad un grosso sasso sceso dalla parete rocciosa e, se lo urti, puoi finire fuori strada o puoi danneggiare seriamente il tuo veicolo.

Tra 150 metri troverai un « **SEMAFORO** »; rallenta e sii pronto a fermarti se il semaforo è rosso o se, prima di esso, si è formata una coda. Anche se vedi il « giallo » stai molto attento perché molto probabilmente dovrai comunque arrestarti prima della striscia bianca.

Attenzione al « **FORTE VENTO LATERALE** » che, soprattutto all'uscita da una galleria o su un viadotto, può farti perdere il controllo del veicolo o cadere a terra, oppure spingerti contromano sull'altra corsia. Rallenta e tieni con forza il manubrio.

Attenzione, i segnali ti avvertono che nelle vicinanze potresti trovare animali domestici o selvatici che circolano in mezzo alla strada o che la attraversano improvvisamente. Modera la velocità e preparati a frenare.

C'è un **PERICOLO** sulla strada: rallenta!
Potrai così capire di cosa si tratta guardando il pannello posto sotto il segnale, e pensare per tempo a come transitare senza danni.

LA VELOCITÀ

« Più velocità... più pericolo »: tutti gli incidenti sono aggravati dall'**elevata** velocità, anche quando questa non ne è la causa diretta.
Occorre sempre tenere presente che sulla strada le situazioni cambiano con grande rapidità e, ad esempio, un pedone può essere raggiunto in breve tempo da un veicolo che sembra ancora lontano; inoltre, la velocità elevata non consente al guidatore di **vedere in tempo** ostacoli e segnali.
Tutti i veicoli, dall'automobile alla bicicletta, sono forniti di freni. In caso di frenata per un pericolo improvviso, ecco come si comportano il guidatore di un veicolo ed il veicolo stesso:

1) un conducente cui si presenta un **ostacolo improvviso**, non reagisce immediatamente, ma dopo una frazione di tempo chiamata **« tempo di reazione »**. Azionerà quindi il pedale del freno solo dopo un tempo che varia a seconda delle qualità dell'individuo: prontezza di riflessi, stanchezza, età, esperienza nella guida, ecc.;
2) il guidatore, trascorso il « tempo di reazione » (mediamente pari a circa 1 secondo per un conducente attento), aziona i freni del veicolo che continua la sua corsa, in relazione alla sua velocità, per un certo tratto detto « **distanza di frenatura** ».

Ma attenzione, la **distanza di frenatura** di un veicolo aumenta col quadrato della velocità: se, ad esempio, la **velocità raddoppia**, la **distanza** di frenatura diventa **4 volte** più grande! Oltre a ciò, devi anche tenere conto delle condizioni del fondo stradale (coefficiente di aderenza), **più** la strada è « **scivolosa »**, **più lunga** sarà la **frenata**.
Una velocità può non essere in sé pericolosa, ma **può diventarlo** se vi è molto traffico o se, per esempio, procedi troppo vicino agli altri veicoli; se questi frenano bruscamente sei in pericolo, perché il suo tempo di reazione, anche se brevissimo, non basta ad evitarti l'urto.
Tenendo conto del tempo di reazione e della distanza di frenatura, gli **incidenti** possono quindi essere **evitati** solo se tutti gli utenti della strada viaggiano alla **giusta velocità** in rapporto alle singole situazioni in cui si muovono (condizioni della strada, della visibilità, del traffico, ecc.), rispettando le norme di circolazione e la segnaletica e mantenendo una distanza che permetta loro di **arrestarsi senza urtare**, anche in caso di imprevisti, il veicolo che li precede.
Ricordati sempre che su un ciclomotore o un monopattino, in caso di incidente, non hai una carrozzeria che possa « difenderti » limitando le conseguenze dell'urto.

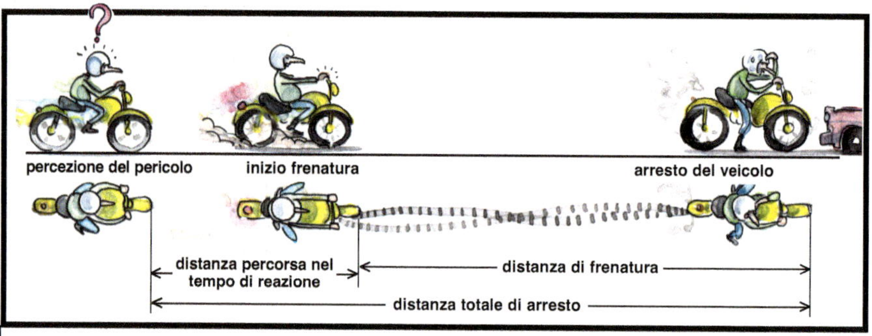

VELOCITÀ

Questo cartello impone un
« LIMITE MASSIMO DI VELOCITÀ ».
In città il limite è in genere di 50 km/ora,
ma per i ciclomotori il limite è sempre di 45 km/h
e per i monopattini elettrici è di 20 km/h.

Questo segnale di « FINE LIMITE DI VELOCITÀ »
dà « via libera », ove le condizioni del traffico e della strada
lo consentano, ma
per i ciclomotori, il limite resta sempre di 45 km/h
e per i monopattini elettrici è di 20 km/h.

Questo segnale di « LIMITE MINIMO DI VELOCITÀ » impone
di non viaggiare più piano della velocità indicata.
Se un veicolo non riesce a raggiungerla, non può transitare
per quella strada
(ad esempio, un monopattino elettrico qui non potrà circolare).

Il segnale « FINE LIMITE MINIMO DI VELOCITÀ » permette
nuovamente il transito, su quella strada, ai veicoli lenti.

Talvolta è utile un suggerimento:
la « VELOCITÀ CONSIGLIATA » è quella più ragionevole
in taluni tratti stradali difficili.
ATTENZIONE: se al tuo veicolo è vietato raggiungere tale
velocità, « il consiglio NON vale!

Dopo il segnale « FINE VELOCITÀ CONSIGLIATA » non hai
più un suggerimento sulla velocità da tenere, dovrai basarti
sulle condizioni del traffico e della strada, sui limiti imposti al
veicolo che stai guidando e, come sempre, usare prudenza.

Per motivi di sicurezza, il segnale di « DISTANZIAMENTO
MINIMO OBBLIGATORIO » ti impone di viaggiare, rispetto al
veicolo che ti precede, ad una distanza superiore a quella
indicata sul segnale. Quindi, se ti stai avvicinando troppo, devi
diminuire la tua velocità.

LE NORME SULLA PRECEDENZA

Gli **incroci** sono punti di particolare **pericolo** per la circolazione e spesso sono causa di incidenti. Per tale motivo il Codice della Strada ha stabilito precise norme sulla **« precedenza »** (cioè su chi « passa per primo ») che tutti i conducenti debbono assolutamente rispettare.
Avvicinandosi a un incrocio occorre sempre usare la massima **prudenza**, **moderare** la **velocità** e decidere in tempo (cioè avere già ben deciso) la direzione da seguire. In mancanza di segnali, prima di attraversarlo, occorre «dare la precedenza» ai veicoli provenienti da destra (**precedenza a destra**) ed accertarsi che i veicoli provenienti da sinistra siano **disposti** a **darci** la **precedenza**.

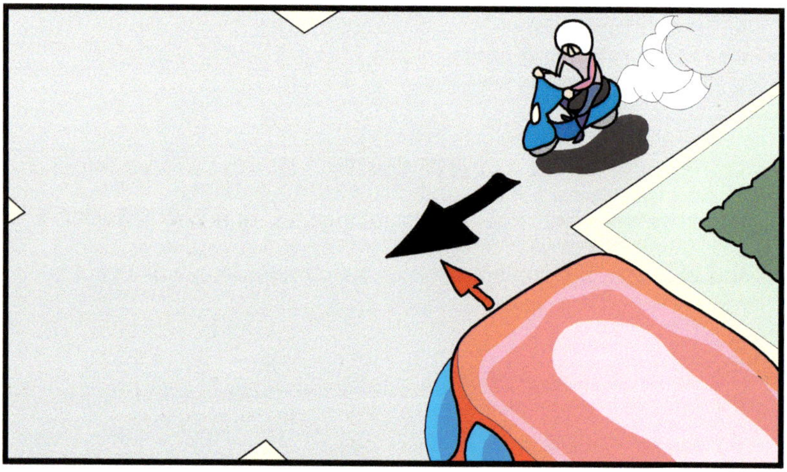

Occorre invece dare la **precedenza a tutti i veicoli**, sia che provengano **da destra** che **da sinistra**, quando:

- si **proviene** da **luogo privato**,
- si effettuano manovre di **inversione** o di **retromarcia**,
- ci si **immette nel flusso** della circolazione.

Dai la precedenza!
Stai uscendo da un luogo privato.

Dai la precedenza!
Ti stai immettendo nel traffico.

Hanno sempre la precedenza:

- i **tram**;
- i veicoli in s**ervizio di emergenza** con **sirena in funzione** (polizia, autoambulanze,vigili del fuoco).

Attento! Il tram passa sempre per primo.

Se senti la sirena fermati, accostando a destra.

Precedenza ai pedoni - I conducenti debbono dare la precedenza ai pedoni che transitano sugli appositi **attraversamenti pedonali**. Occorre però **attenzione reciproca** e, quindi, i pedoni scelgano il momento opportuno per attraversare, dando ai conducenti la possibilità di rallentare e di **fermarsi**.
Tutti i veicoli debbono inoltre **fermarsi** quando una **persona invalida** o un **non vedente** (munito di bastone bianco o in altro modo riconoscibile), attraversino la carreggiata **anche fuori** degli attraversamenti

C'è una zebratura sulla strada: lascia passare i pedoni.

Se vedi un non vedente o un invalido che attraversano la strada, lasciali passare.

SE VEDI QUESTI SEGNALI HAI LA PRECEDENZA

Lungo le strade principali, dette « a priorità », questo segnale preavvisa un « **INCROCIO PERICOLOSO CON DIRITTO DI PRECEDENZA** » nel quale si ha la precedenza, ma ove si deve comunque usare prudenza.

Prima di certi cantieri stradali o di strettoie dove i veicoli possono passare uno alla volta, se vedi questo segnale significa che hai la « **PRECEDENZA SUI VEICOLI PROVENIENTI IN SENSO INVERSO** »

Sei avvertito che ti stai avvicinando a una « **CONFLUENZA** » dove hai la precedenza, ma stai molto attento ai veicoli che si immettono dalla destra circolando su una corsia di accelerazione.

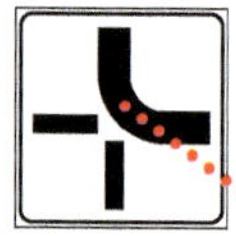

Questo pannello viene abbinato ad un altro segnale e ti indica, poco prima di un incrocio, l'« **ANDAMENTO DELLA STRADA PRINCIPALE** » che, secondo il segnale illustrato a fianco, curva verso destra.

La strada che percorri gode del « **DIRITTO DI PRECEDENZA** », ma ciò non vuol dire che tu non debba comunque guidare con prudenza, soprattutto in vicinanza degli incroci.

SE VEDI QUESTI SEGNALI NON HAI LA PRECEDENZA

Se vedi il segnale di « **FERMARSI E DARE PRECEDENZA** » **(STOP)** devi fermarti sempre (anche se non viene nessuno), per poi dare la precedenza sia a destra che a sinistra.

Data la loro grande importanza, sulle strade extraurbane i segnali di « **STOP** » e « **DARE PRECEDENZA** » vengono annunciati con anticipo. L'apposito segnale di « preavviso » è posto parecchi metri prima dell'incrocio. Nei due esempi qui a fianco troverai il segnale principale, e quindi l'incrocio, a **320** metri.

Al segnale « **DARE PRECEDENZA** » devi fermarti solo se necessario, ma devi rallentare sempre e far passare per primi, sia ai veicoli che vengono da destra, sia a quelli che vengono da sinistra.

Nei passaggi ristretti dove due veicoli non riescono a passare insieme se vedi questo segnale devi « **DARE LA PRECEDENZA AI VEICOLI PROVENIENTI IN SENSO INVERSO** ».

Al segnale « **INCROCIO CON PRECEDENZA A DESTRA** » devi seguire la regola generale della « precedenza a destra », prestando comunque attenzione anche ai veicoli che provengono dalla tua sinistra.

Fino a questo segnale avevi la precedenza, dopo questo « **FINE DEL DIRITTO DI PRECEDENZA** » devi osservare le norme generali sulla « precedenza a destra ».

CHI PASSA PER PRIMO IN QUESTI INCROCI? PROVA A INDICARE L'ORDINE DI PASSAGGIO

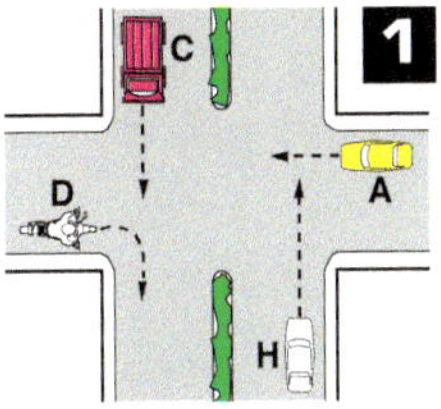

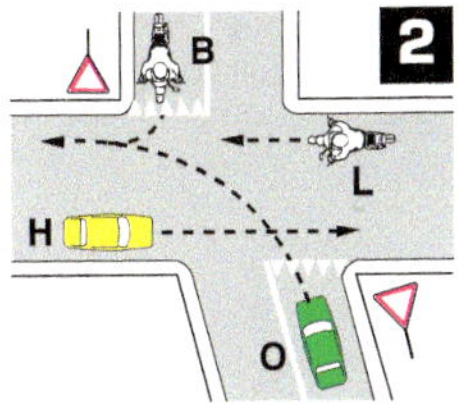

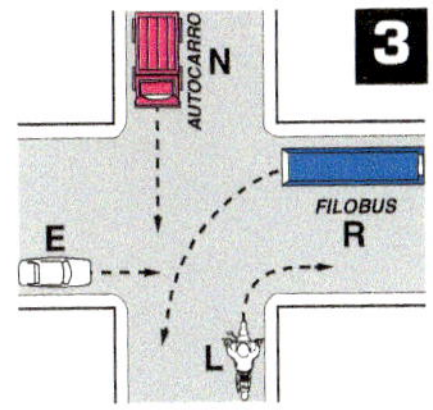

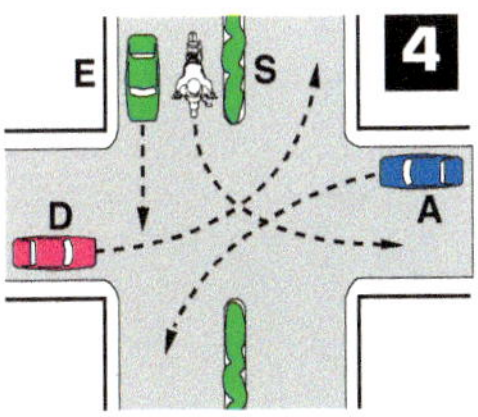

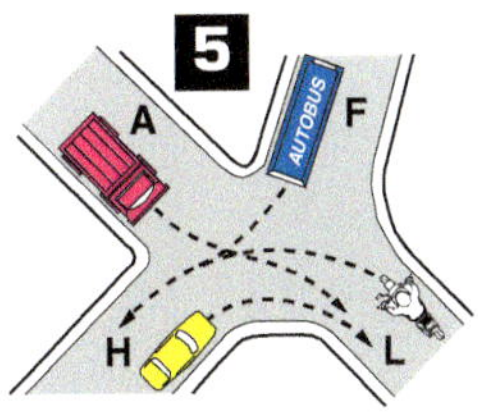

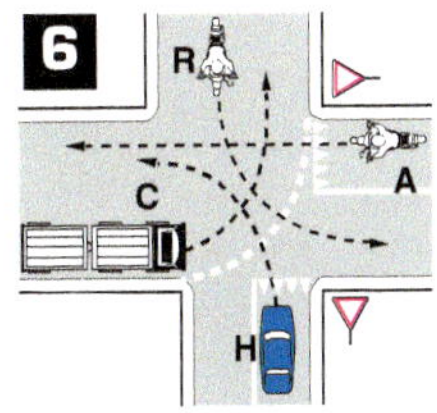

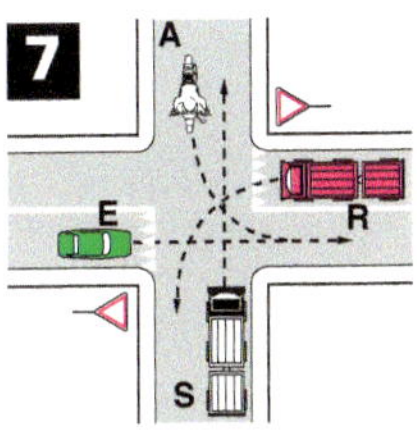

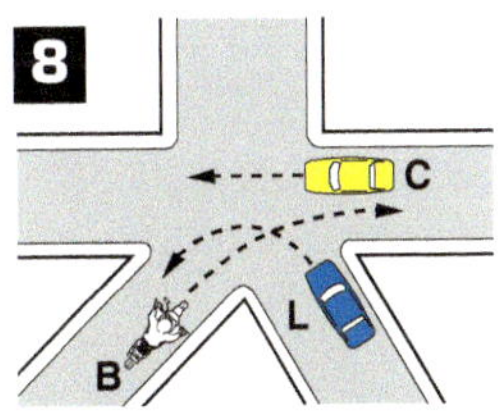

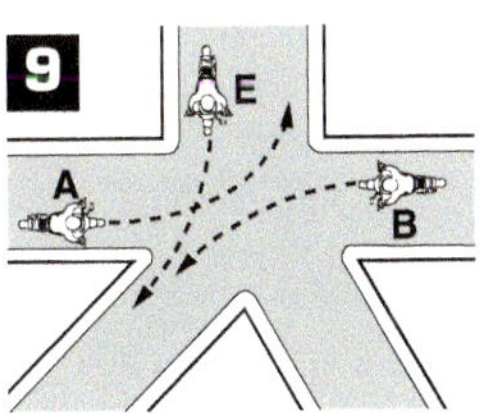

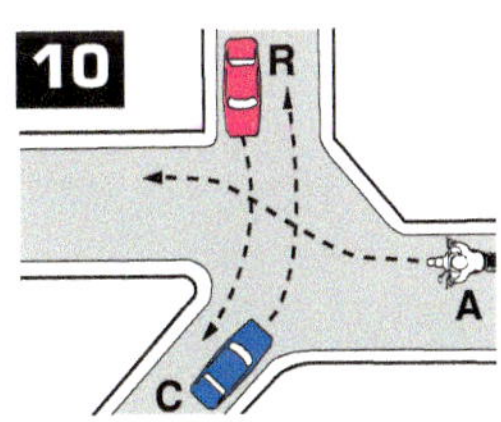

SOLUZIONI: 1) veicolo D, veicolo C, veicolo A, veicolo H; **2)** veicoli L ed H contemporaneamente, veicolo B, veicolo O; **3)** veicolo L, veicolo E, veicolo N, veicolo R; **4)** veicolo D, veicoli E ed S contemporaneamente, veicolo A; **5)** veicolo H, veicolo A, veicolo F, veicolo L; **6)** veicolo C, veicolo R, veicolo A, veicolo H; **7)** veicolo S, veicolo A, veicolo E, veicolo R; **8)** veicoli C ed L contemporaneamente, veicolo B; **9)** veicolo A, veicolo E, veicolo B; **10)** veicolo R, veicolo A, veicolo C.

IL SORPASSO

Il **sorpasso** è la **manovra più difficile e pericolosa**, e lo è ancor di più se a compierlo è un ciclomotore, un monopattino o una bicicletta.
Prima di iniziare un sorpasso è necessario che tu sia sicuro che:

- la **visibilità** sia tale da poterlo fare **senza pericolo**;
- tu disponga di un tratto di **strada libera sufficiente**;
- né il veicolo che segue, né quello che precede abbiano **già iniziato** la **stessa manovra**.

Dopo esserti **assicurato** che il **sorpasso** sia **possibile** devi:

- **segnalare** a chi segue (azionando l'indicatore di direzione o sporgendo il braccio sinistro) l'intenzione di **cambiare** la tua **direzione**;
- **avvertire** chi precede con il segnale acustico (quando consentito);
- **affiancarlo** e **rientrare** nella tua **corsia** in modo da **non « tagliare la strada »** al veicolo **sorpassato**.

Sorpasso a sinistra

Sorpasso a destra

Il **sorpasso** va normalmente effettuato a **sinistra**; è **permesso sorpassare a destra** soltanto:

- i **tram** (se circolano al centro della strada e non sono alla fermata);
- i **veicoli** che hanno segnalato di voler **svoltare** o **fermarsi** a **sinistra**.

Chi **viene sorpassato** deve in ogni caso **facilitare la manovra** tenendosi il più possibile a destra e **non accelerare** la propria andatura.
E' vietato sorpassare:

nelle curve

nella parte in salita dei dossi

in ogni caso di scarsa visibilità

video

ai passaggi a livello senza barriere

quando un veicolo che segue abbia già iniziato il sorpasso

negli incroci non regolati da semafori od agenti

un veicolo che si sia fermato per consentire ai pedoni di attraversare la strada

un tram fermo per la salita o discesa dei passeggeri, se non c'è il salvagente

Poiché, come detto, il **sorpasso** è una delle **manovre** più **complesse** e **rischiose**, prima di eseguirla devi essere ben sicuro di poterla portare a termine senza problemi: **nel dubbio meglio non sorpassare!**

PRESCRIZIONI

Il segnale di « **DIVIETO DI SORPASSO** » vieta di sorpassare tutti i veicoli a motore, eccetto i ciclomotori ed i motocicli. Quindi, se non oltrepasserai la striscia bianca continua, potrai sorpassare biciclette, monopattini elettrici, motorini e moto.

« **FINE DEL DIVIETO DI SORPASSO** », se le condizioni del traffico e la tua velocità lo consentono, dopo il segnale potrai superare qualunque veicolo.

In molti centri storici questo segnale di « **DIVIETO DI TRANSITO** » è impiegato per evitare ad **OGNI** tipo di veicolo di accedere ad una particolare zona. Quindi, non possono circolare neanche biciclette, monopattini elettrici, motorini e moto.

Questi segnali bianchi con corona rossa e simbolo nero, vietano il transito alla sola categoria indicata dal simbolo. Questo cartello significa, ad esempio: « **TRANSITO VIETATO AI PEDONI** »;

questo cartello significa invece: « **TRANSITO VIETATO ALLE BICICLETTE** ».

Se incontri questo segnale, non dovrai usare il tuo clacson, salvo il caso di pericolo immediato.

C'è un posto di blocco della polizia; fermati sempre. Distrarti o fare il gradasso può costarti molto caro

Il segnale « **ROTATORIA** » è posto, di solito, prima di sbucare su una piazza o slargo e obbliga a circolare secondo il verso indicato dalle frecce.

PRESCRIZIONI

I vari tipi di « **DIREZIONI OBBLIGATORIA**» hanno una freccia diretta a destra, a sinistra o in alto e servono per dirigere il traffico nell'unica direzione consentita.

I vari tipi di « **DIREZIONI CONSENTITE** » ti indicano, con le due frecce, le uniche direzioni che si possono seguire.

Dopo il segnale inizia un « **PERCORSO PEDONALE** » su di esso non potrai circolare neanche in bicicletta.

La presenza della striscia rossa indica la « **FINE** del **PERCORSO PEDONALE** ».
Se sei un pedone stai attento perché non sei più in una zona a te riservata.

Dopo il segnale inizia una « **PISTA CICLABILE** » ricorda di fare attenzione perché potrai incontrare dei ciclisti che provengono dal senso opposto.

La striscia rossa indica la « **FINE** della **PISTA CICLABILE** ».
Dovrai immetterti sulla strada con la massima cautela, fermandoti e dando la precedenza ai veicoli che circolano sulla carreggiata.

Dopo il segnale inizia un « **PERCORSO PEDONALE** », separato da una « **PISTA CICLABILE** » posta alla sua destra.

Inizia un « **PERCORSO PEDONALE E CICLABILE** »:
i pedoni stiano attenti a non intralciare i ciclisti e questi ultimi prestino attenzione a non investire le persone che si trovano sul percorso.

LA SOSTA

Il ciclomotore, il monopattino o la bicicletta possono essere **lasciati in sosta** negli **spazi** appositamente **segnalati** o, in mancanza, lungo il **margine destro** della carreggiata e parallelamente al suo asse.

La sosta è vietata:

- in **corrispondenza** o in vicinanza degli **incroci,** delle **curve**, dei **dossi**, delle **gallerie**, dei **passaggi a livello** e delle **fermate** dei mezzi pubblici;
- sui **binari tranviari**, sugli **attraversamenti pedonali** e **ciclabili** nonché allo sbocco dei **passi carrabili**;
- in ogni caso in cui il veicolo sia di **intralcio** alla circolazione;
- dopo uno degli **appositi segnali**;
- sui **marciapiedi** a meno che non vi siano tracciate in terra le apposite strisce;
- negli **spazi** riservati alla **sosta** dei **veicoli** per **disabili**, delimitati da strisce gialle e dall'apposito simbolo.

DIVIETO DI SOSTA

DIVIETO DI SOSTA E DI FERMATA

LE STRADE A SENSO UNICO

Le norme che regolano la circolazione nelle strade a senso unico sono spesso **poco rispettate** da ciclisti e ciclomotoristi che pensano di esserne esentati solo per il fatto di guidare veicoli poco ingombranti. Ricordati che l'**automobilista** può **non vederti**, soprattutto quando esce da un passo carraio e vi sono automobili parcheggiate vicino.
I **danni maggiori** sono senz'altro per te conducente di veicolo a 2 ruote.

Segnale di « SENSO UNICO »: la punta della freccia indica l'unico senso di marcia consentito.

Alla fine di un senso unico puoi trovare il segnale di pericolo « DOPPIO SENSO DI CIRCOLAZIONE ».

Questo segnale di « SENSO VIETATO » indica che la strada è a senso unico ed è posto dalla parte dove « non si può entrare ».

Lo stesso segnale potrai trovarlo anche in presenza di lavori temporanei su una carreggiata, ma in tal caso avrà « fondo giallo ».

Segnala la « FINE DEL DOPPIO SENSO DI CIRCOLAZIONE » e ti indica quindi l'inizio della carreggiata a senso unico.

INDICAZIONI

Sei arrivato ad un **ATTRAVERSAMENTO PEDONALE:** dovrai fermarti e dare la precedenza ai pedoni che attraversano.

Un « **SOVRAPPASSAGGIO PEDONALE** », un « **SOTTOPASSAGGIO PEDONALE** », o una « **RAMPA PEDONALE** » permettono ai soli pedoni di attraversare la carreggiata senza incrociare i veicoli circolanti. Se vuoi passare con la bicicletta, il monopattino o il ciclomotore puoi farlo solo portandoli « a mano ».

Il segnale « **STRADA RISERVATA AI VEICOLI A MOTORE** » vieta ai pedoni, ai ciclisti, ai conducenti di monopattini elettrici ed ai ciclomotoristi di circolare su questa strada.

Stai per entrare in una « **ZONA RESIDENZIALE** », su un pannello posto sotto il cartello troverai particolari norme di comportamento da rispettare (ad esempio il limite di velocità di 30 km/h).

Se trovi questo segnale dovrai dare la precedenza alle biciclette che attraversano la carreggiata sull' «**ATTRAVERSAMENTO CICLABILE** ».

ALCOL E GUIDA

Bere bevande alcoliche fa parte della nostra cultura, oltre che del piacere di molte persone. È spesso anche un modo di stare in compagnia, socializzare, diventare più sciolti, o almeno così si crede ... In realtà, se si esagera, si diventa apatici e sonnacchiosi, oppure si rischiano scatti d'ira.

video

Bere troppo, però, diventa **pericoloso**, soprattutto se poi ci si mette alla **guida**. Infatti, l'alcool etilico viene trasformato solo in parte nello stomaco, mentre in gran parte è assorbito passando direttamente nel sangue e quindi a tutti gli organi. Esso viene poi lentamente eliminato, soprattutto attraverso il fegato. Gli **effetti** che l'**alcol** provoca **sull'organismo** sono:

- **problemi visivi**:
  - la **visione** diventa **confusa** (soprattutto quella **laterale**). Chi guida in stato di ebbrezza tende a portarsi verso il centro della strada poiché l'alcool provoca la cosiddetta **« visione a tunnel »**;
  - **diminuisce** la capacità di **vedere di notte** e si ha **maggiore sensibilità all'abbagliamento**,
  - si fa **fatica** a **valutare** bene le **distanze**;

video

- **problemi a livello del sistema nervoso** (in **2 fasi**):
  - **prima fase**: compare uno stato di **euforia** ed il problema è quello di **sottovalutare i pericoli**, pensando di essere invincibili e inattaccabili, con conseguente **aumento** del **rischio** e a volte ricerca intenzionale del rischio stesso compiendo manovre azzardate;

  - **seconda fase**: si presentano sintomi di **depressione** come tristezza, movimenti rallentati e scoordinati, **diminuzione** delle **capacità mentali** e, nei casi acuti, si può arrivare fino al coma etilico. In questa fase i **riflessi** sono più **lenti**, l'**attenzione diminuisce**, subentrano **stanchezza** e **sonnolenza**. Di conseguenza, si **allunga** il **tempo di reazione**, si fa più fatica a compiere più azioni contemporaneamente, **diminuisce** la **coordinazione** dei movimenti e vi è **alterazione** del **senso** dello **spazio**, della **distanza** e della **velocità**.

video

L'abuso di alcol continuato e cronico può portare a gravi malattie e disturbi mentali.

I principali **fattori** che influenzano il **tasso di alcol nel sangue** (alcolemia) sono:

- il **peso** del **bevitore**: più si è magri, maggiore è la concentrazione nel sangue;

UOMO stomaco pieno

PESO CORPOREO				
65kg	70kg	75kg	80kg	90kg
0,16	0,15	0,14	0,13	0,11
0,32	0,30	0,28	0,26	0,22
0,48	0,45	0,42	0,39	0,33
0,64	0,60	0,56	0,52	0,44

DONNA stomaco pieno

PESO CORPOREO				
45kg	55kg	65kg	75kg	80kg
0,29	0,24	0,20	0,18	0,17
0,58	0,48	0,40	0,36	0,34
0,87	0,72	0,60	0,54	0,51

- il **sesso**: il fegato della donna ha una minor capacità di « assorbire » l'alcol;
- l'**età**: negli adolescenti è ridotta la capacità di metabolizzare l'alcol, quindi **devi stare ancora più attento a ciò che bevi**;
- l'**etnia**: alcune razze sono, per costituzione, meno tolleranti all'alcol di altre;
- la **modalità di assunzione**: se bevuto durante i pasti (a stomaco pieno), l'assorbimento dell'alcol nel sangue è più lento;
- la **quantità** di **alcol** bevuta;
- la **tolleranza individuale** e la personale **condizione psicofisica**.

Alcol e farmaci (sonniferi, calmanti, antidolorifici, ecc.), se assunti insieme, producono spesso **effetti collaterali** molto pericolosi, il più comune dei quali è l'**amplificazione** degli **effetti**.

Il **limite massimo legale** per poter guidare un ciclomotore è di **0** (**zero**) **grammi per litro di sangue** (cioè, **se vuoi guidare non puoi bere**). Quindi, devi lasciar passare un bel po' di tempo tra una « robusta bevuta » e la guida; anche perché alla guida di un veicolo a due ruote rischi ancora di più che in auto poiché, se barcolli o perdi l'equilibrio, ... « **finisci a terra** ».

La norma prevede un **regime di sanzioni crescenti** (a "gradini"), al crescere del tasso alcolemico riscontrato:

oltre **0** fino a **0,8** g/l oltre **0,8** fino a **1,5** g/l oltre **1,5** g/l.

e punisce con sanzioni pecuniarie più "salate" se la trasgressione avviene nelle ore notturne (dopo le 22.00 e prima delle 7.00).

Lo strumento per misurare lo stato di ebbrezza da alcool è detto **etilometro** e l'accertamento viene effettuato mediante l'analisi dell'aria espirata dal conducente (**alcol-test**). La Polizia è anche autorizzata ad effettuare dei "test rapidi" quando supponga che tu sia in stato di ebbrezza. Se il primo test risulta positivo, verrai sottoposto ad un secondo esame, più preciso ed approfondito; se anche questo darà responso positivo, sarai considerato in stato di ebbrezza e sarai sottoposto alle sanzioni previste. **Non è ammesso il rifiuto** a sottoporti all'**alcol-test**, se lo fai sei comunque considerato « in stato di ebbrezza ».

DROGHE E GUIDA

Al di là delle considerazioni etiche e morali sull'uso delle droga, che lasciamo ad altri, quello che ci interessa analizzare in questo libro sono i suoi effetti sulla guida.

Le **« droghe »** vengono definite sostanze psicotrope perché **agiscono sul cervello**:

- aumentandone o rallentandone i **processi** di **comunicazione**,
- **modificando** temporaneamente la **percezion**e della **realtà**,
- talvolta generando veri e propri **stati confusional**i di durata più o meno lunga.

La **guida** è un'**attività** basata su **stimoli** visivi, acustici, su trasmissione di dati al **cervello** e **rapida elaborazione** degli stessi, su reazioni e comportamenti conseguenti: è quindi molto **pericoloso alterare questi processi**.

Infatti, con l'**assunzione** di **droghe** vengono **modificati**:

- i **tempi di reazione**,
- i **meccanismi decisionali**
- il **riconoscimento** o meno di un **pericolo**.

In particolare, anche le droghe usate per « tenersi su » o per aumentare la resistenza alla fatica od al sonno (ad esempio la cocaina) hanno effetti di lungo termine negativi e, normalmente, hanno durata limitata (2 o 3 ore), dopo di che seguono periodi di depressione e di assoluta inabilità a qualunque attività.

Riassumendo, quindi, gli **effetti** degli **stupefacenti** sul tuo **comportamento** possono essere:

- **diminuzione** dei **riflessi**, dell'**attenzione** e della capacità di **concentrazione**;
- **spavalderia**, **sottovalutazione** dei **pericoli** e, talvolta, ricerca intenzionale del rischio;
- **alterazioni** della **percezione** (stati di allucinazione);
- **alterazione** dei **riflessi** con effetti anche sulla **coordinazione** dei movimenti;
- **eccitazione** che può portare alla **perdita di controllo** di sé, all'**aggressività** e a **comportamenti imprudenti** durante la guida;
- **stati depressivi** o **sonnolenza**, una volta terminato l'effetto eccitante.

Come vedi le droghe, oltre che rappresentare rischi per la tua salute e per la tua personalità, generano situazioni pericolose per la guida. La ricerca di sensazioni eccitanti e del rischio di misurarsi con te sperata.

Basta guardarti intorno per capire che è meglio lasciare ad altri alcuni « viaggi particolari ». Forse (ma sei tu a doverlo stabilire) una bella ragazza/o al fianco è molto meglio (e di maggior soddisfazione) di una dose in tasca.

Inoltre, se hai deciso di far finire il tuo cervello « in pappa », cerca almeno che questa « scelta particolare » non causi dei danni ad altri che, invece, il loro cervello vogliono continuare ad usarlo in perfetta salute.

Il Codice della Strada stabilisce il **divieto di guida « in condizioni di alterazione fisica o psichica legata con l'uso di sostanze stupefacenti o psicotrope »**. In caso di incidente, o quando si ha motivo di ritenere che tu possa essere sotto l'effetto di sostanze psicoattive, gli agenti di polizia hanno la facoltà di accompagnarti in una struttura idonea per il prelievo di campioni di « liquidi biologici » (sangue e urine).

Se rifiuti di sottoporti all'esame o se vieni **trovato sotto l'effetto di sostanze stupefacenti**, ove il fatto non costituisca più grave reato, sei punito con l'**arresto** fino ad un mese e con una **forte multa**.

CAUSE PIÙ FREQUENTI DI INCIDENTI STRADALI

Gli **incidenti** stradali sono riconducibili a **3 principali fattori**:

1) **l'uomo** e i suoi **comportamenti** sulla strada;

2) **i veicoli** e le loro **condizioni** (cattivo stato di manutenzione);

3) **le strade** e infrastrutture e le loro **condizioni** (cattivo stato di manutenzione della strada e della segnaletica).

Il **traffico intenso aggrava** il pericolo e, per tale motivo, devi assolutamente adeguarti alla sua velocità media, evitando manovre imprudenti e comportamenti intolleranti nei confronti degli altri utenti.

L'uomo

L'**uomo**, con il suo comportamento alla guida, è il **responsabile** della **maggior parte** degli **incidenti** stradali e ciò principalmente per:

- ignoranza e inosservanza delle leggi fisiche e delle norme di comportamento che regolano la circolazione dei veicoli (ad esempio: affrontare una curva a velocità eccessiva, non mantenere la distanza di sicurezza dal veicolo che ci precede, sorpassare colonne di veicoli sulla destra, circolare a velocità eccessiva ecc.);
- mancato rispetto delle norme igieniche di guida, cioè viaggiare in condizioni fisiche precarie (stanchezza) o in condizioni psicofisiche alterate (alcol, droghe, farmaci);
- ignoranza delle corrette tecniche di uso e di guida del veicolo;
- imprudenza, distrazione (ad esempio parlare al cellulare), inesperienza, ignoranza delle situazioni di pericolo;
- scarsa educazione sociale o indisciplina.

In alcuni casi, l'incidente può non dipendere direttamente da te, ma essere causato dall'**errore** o dall'**imprudenza** di **altri** (ad esempio, se passi vicino a file di auto parcheggiate, stai attento all'apertura improvvisa della portiera da parte di un conducente disattento).

Il veicolo

Una **corretta** e **periodica manutenzione** del tuo veicolo è di fondamentale importanza per la sicurezza tua e degli altri. In particolare controlla spesso: gli **organi di sterzo** (manubrio); i **freni** (stato delle pastiglie e dei dischi o delle ganasce e dei tamburi); l'efficienza del **clacson**, delle **luci** e dei **catadiottri**, la pressione dei **pneumatici** e lo spessore del loro battistrada.

Ricordati che, sui veicoli a 2 ruote, l'**equilibrio**, già difficile in condizioni normali, diventa estremamente **precario** su un **fondo scivoloso**. In particolare fai attenzione alle strisce orizzontali dipinte sulla carreggiata, ai tombini e alle rotaie del tram o del treno: se scivoli e cadi, non solo rischi di farti male per l'urto, ma anche di venir investito da altri veicoli che hanno anch'essi problemi di ridotta aderenza.

La strada

I principali **pericoli relativi alla strada**, oltre alla sua manutenzione e progettazione, sono legati alle **condizioni meteo** e all'errato comportamento del conducente in tali situazioni sfavorevoli:

- **pioggia**: diminuisce sempre l'aderenza; Inoltre, quando è molto intensa, devi anche:
  - cautelarti dall'**acqua sollevata da altri veicoli** che ti precedono, ti sorpassano o che vengono in senso opposto,
  - considerare che la **visibilità** attraverso la **visiera** del casco **peggiora** notevolmente,
  - far attenzione all'**aquaplaning** (velo di acqua che si forma tra la strada e i tuoi pneumatici) che praticamente azzera l'aderenza;

  - far attenzione alle **buche** sulla strada perché, quando **piene d'acqua**, sono difficili da individuare;
- **neve** o **freddo intenso**: comportano **fondo stradale ghiacciato** o **innevato**; quando percorri forti discese o curve vai molto piano e fai molta attenzione, attraversa con particolare prudenza le **zone in ombra** della carreggiata;
- **nebbia fitta** o a **banchi**: oltre ad accendere i **proiettori anabbaglianti**, guida con **estrema prudenza** e procedi ad una **velocità adeguata** alla **visibilità**, se questa è troppo ridotta **fermati fuori** della **carreggiata** (mai sulla carreggiata se non per cause di forza maggiore); procedi facendo riferimento alle strisce longitudinali di margine o a quelle di corsia;
- **forte vento** (particolarmente pericoloso quando è a **raffiche**, specie se **laterali**): procedi a **velocità moderata** tenendo **saldamente** il **manubrio**; tieniti a distanza dagli ostacoli laterali e, quando superi o vieni superato dagli autocarri, aspettati un forte cambiamento della spinta laterale sul tuo veicolo;
- **abbagliamento da sole**: **modera** la **velocità** e, se necessario, **fermati**; evita però di rallentare troppo bruscamente!

Le **cattive condizioni atmosferiche** sono frequenti cause di incidente stradale, vuoi per la **diminuzione** della **visibilità**, vuoi per il

peggioramento delle condizioni di **aderenza**. Infatti, con il fondo stradale estremamente sdrucciolevole, si **allunga** la **distanza di frenatura** ed è più facile **uscire di strada**. Devi quindi:

- procedere a **velocità moderata** e quanto più possibile **uniforme**;
- **evitare brusche manovre**: accelerare con gradualità, azionare dolcemente il manubrio, se possibile ridurre la velocità innestando una marcia bassa, usando il **freno** con molta **cautela**;
- affrontare le **curve** a **velocità** particolarmente **moderata**;
- **aumentare** sensibilmente la **distanza** dal veicolo che ti **precede**.

Altre **condizioni** che **riducono** l'**aderenza** sulla strada sono:

- presenza di **olio** sull'asfalto;
- strada coperta di **foglie**, soprattutto se le foglie sono bagnate;
- presenza di **pietrisco** o **fanghiglia**;
- presenza sulla strada di **piccoli animali** (rospi, topi, piccoli serpenti, porcospini) che, di limitata influenza per i veicoli a quattro ruote, possono essere estremamente pericolosi se investiti da un veicolo leggero e instabile come il tuo.

COMPORTAMENTO IN CASO DI INCIDENTE STRADALE

Se, andando in bicicletta, monopattino o in ciclomotore, incontri un **incidente** con **feriti devi fermarti** e, se non vi sono sul posto altri soccorritori più qualificati di te, devi **avvertire** (o far avvertire) la polizia ed i mezzi di soccorso formando il numero di telefono **112** (**numero unico** per contattare i **servizi di emergenza**).

Se i **feriti** o i veicoli coinvolti nell'incidente sono **in mezzo alla strada**, **cerca di segnalare** agli altri veicoli che sopraggiungono che la **strada** è **ingombra**, ma stai attento a non metterti in pericolo.

Se l'incidente in cui sei rimasto coinvolto ha causato **solo danni ai veicoli** occorre scambiarsi con l'altro conducente i dati necessari per fare la **denuncia all'assicurazione**. Ricordati che il tuo ciclomotore deve essere obbligatoriamente assicurato per la Responsabilità Civile.

In caso di incidente potrebbero arrivare veicoli di soccorso e ambulanze. Se senti la sirena fermati subito e non provare a « **fare il furbo** » mettendoti nella loro scia per superare l'ingorgo, se l'ambulanza rallenta bruscamente, potresti « **finirci a bordo** » anche tu.